韩国文化悦读系列

韩国历史故事

[韩] 金顺礼 [韩] 金河娜 编著

上海外语教育出版社
外教社 SHANGHAI FOREIGN LANGUAGE EDUCATION PRESS

前 言

《韩国历史故事》是一本面向中高级韩语学习者的读物，与《韩国民间故事》《韩国童话故事》同属“韩国文化悦读系列”。历史记录了社会的变化，学习者通过对历史的了解不仅可以深刻理解一个国家的文化，也可以有效促进语言的学习巩固。本书的编排可以帮助学习者通过对韩国历史故事的阅读，增进对韩国文化和韩国语的理解。

本书收录了从古朝鲜到朝鲜时期，韩国人喜闻乐见的历史人物的故事，不仅有助于学习者了解故事发生的历史背景与当时人们的价值观，同时也帮助学习者更加深入地理解当今韩国人意识形态的形成与情感模式。

本书收录的历史故事大多以史实记录为依据，同时也增加了传说的内容。而这恰能反映出当时人们对该人物的评价，有助于学习者由此理解韩国人的文化。谨希望本书能够抛砖引玉，为今后出版更多更加优秀的同题材的学习资料奠定基础。

最后，感谢为本书出版给予帮助的出版社编辑、翻译、插图团队。此外，也非常感谢在本书创作过程中给予帮助的各位师生。

作 者

使用说明

本书是一本为韩国语学习者编写的韩国语阅读教材，适合中高级韩国语水平学习者学习使用。本书旨在帮助读者通过对韩国历史故事的阅读与学习，更加深刻地了解韩国人的思维方式和价值观，以及相关的韩国语词汇、语法、表达等，并以此来提高学习者的口语、听力、阅读、写作等综合语言能力。本书选定了古朝鲜时代、三国时代、高丽时代、朝鲜时代等4个时代流传而来的历史故事，由15个单元组成。

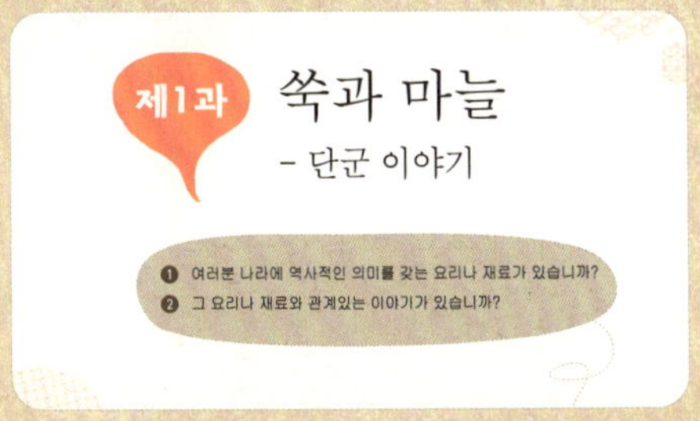

❶ 제목, 들어가기

引出与正文相关的问题，并附有相关照片或插图，激发学习者的学习兴趣。

❷ 이야기 상상하기

通过看图，引导学习者熟悉故事内容，并通过图画想象故事发生的经过、故事人物等，引导学生在积极展开学习的过程中轻松自然地掌握相关词汇和表达。

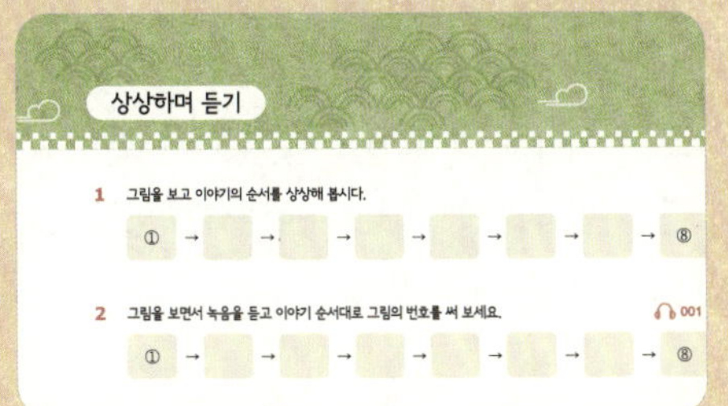

❸ 상상하며 듣기

先听课文的内容，然后将“想一想”板块的图片进行排序，从而完成对整篇故事的理解。有助于加深学习者对整体故事脉络的理解。

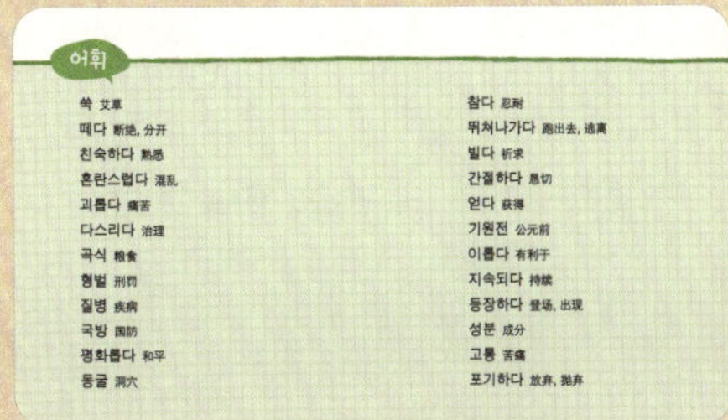

❹ 어휘

帮助学习者整理并学习在前面听力板块所听到的单词。

생각하며 읽기

쑥과 마늘

가 002

여러분 나라에서는 쑥과 마늘을 얼마나 자주 먹습니까? 한국인에게 있어서 쑥과 마늘은 떼려야 뗄 수 없을 정도로 매우 친숙한 식물입니다. 한국인은 쑥과 마늘을 음식으로도 먹고 약으로도 사용합니다. 그럼, 한국인에게 쑥과 마늘은 역사적으로 어떤 의미가 있을까요? 이 의미를 알기 위해서는 약 5000년 전 한국에서 무슨 일이 있었는지 알아볼 필요가 있습니다.

⑤ 생각하며 읽기

在这一板块，学习者可以凭借前面阶段掌握的词汇和听力内容进行阅读并检验学习者对内容的理解是否正确。

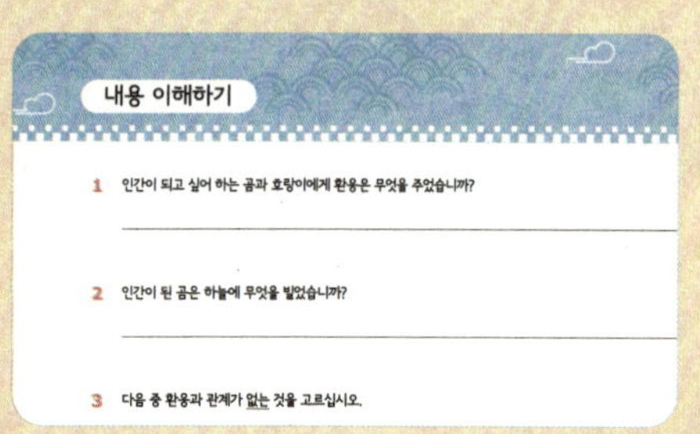

내용 이해하기

1 인간이 되고 싶어 하는 곰과 호랑이에게 환웅은 무엇을 주었습니까?

2 인간이 된 곰은 하늘에 무엇을 빌었습니까?

3 다음 중 환웅과 관계가 없는 것을 고르십시오.

⑥ 내용 이해하기

通过解答与正文相关的问题，来检验学习者对正文内容的理解，并再次巩固对学习内容及词汇用法的掌握。

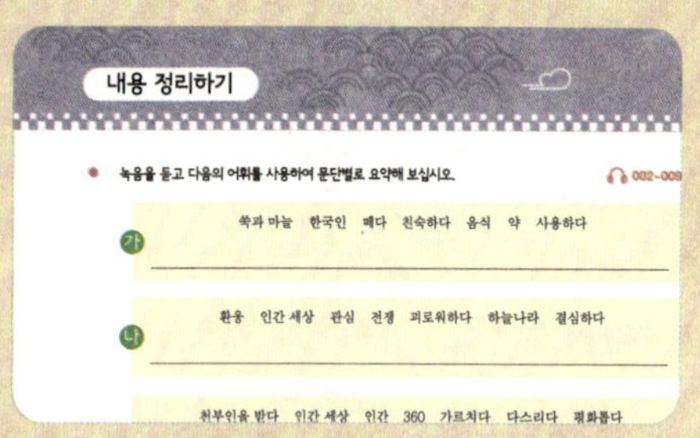

내용 정리하기

● 녹음을 듣고 다음의 어휘를 사용하여 문단별로 요약해 보십시오. 002~009

가 쑥과 마늘 한국인 떼다 친숙하다 음식 약 사용하다

나 환웅 인간 세상 관심 전쟁 괴로워하다 하늘나라 결심하다

천부인을 받다 인간 세상 인간 360 가르치다 다스리다 평화롭다

⑦ 내용 정리하기

按段落重新听一遍正文内容，并整理文中重点突出的词汇词句。学习者可以按照所提示的词汇顺序编写各段内容的中心语句。

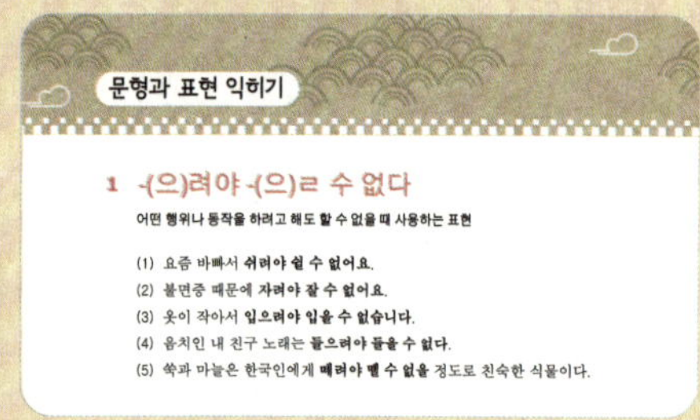

문형과 표현 익히기

1 -(으)려야 -(으)ㄹ 수 없다

어떤 행위나 동작을 하려고 해도 할 수 없을 때 사용하는 표현

(1) 요즘 바빠서 **쉬려야 쉴 수 없어요.**
(2) 불면증 때문에 **자려야 잘 수 없어요.**
(3) 옷이 작아서 **입으려야 입을 수 없습니다.**
(4) 음치인 내 친구 노래는 **들으려야 들을 수 없다.**
(5) 쑥과 마늘은 한국인에게 **떼려야 뗄 수 없을** 정도로 친숙한 식물이다.

⑧ 문형과 표현 익히기

这一板块旨在检验学习者是否能够正确掌握并使用文中出现的语法。例句包含课文中出现的语句，便于学习者由此加深对该句型的理解和掌握。

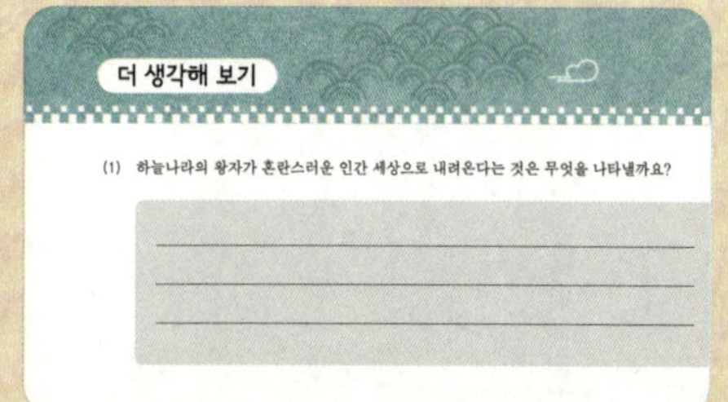

더 생각해 보기

(1) 하늘나라의 왕자가 혼란스러운 인간 세상으로 내려온다는 것은 무엇을 나타낼까요?

⑨ 더 생각해 보기

通过假设、改写、拓展等练习，提高学习者口语与写作的能力。

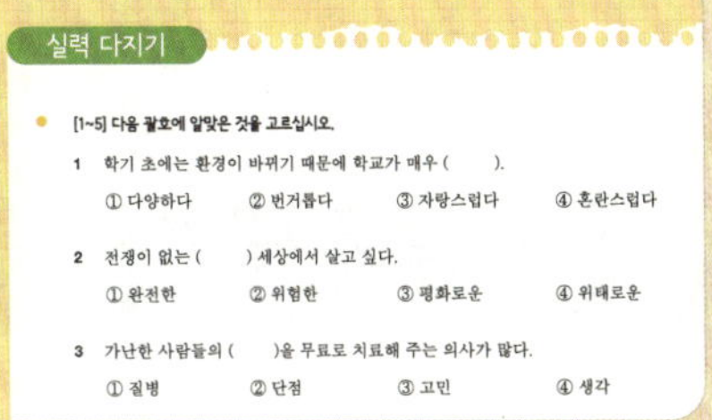

⑩ 실력 다지기

通过练习巩固与检查前面所学的词汇、语法、表达等知识，并通过主观题目的练习对是否正确理解并掌握近义词和反义词的用法进行检验。

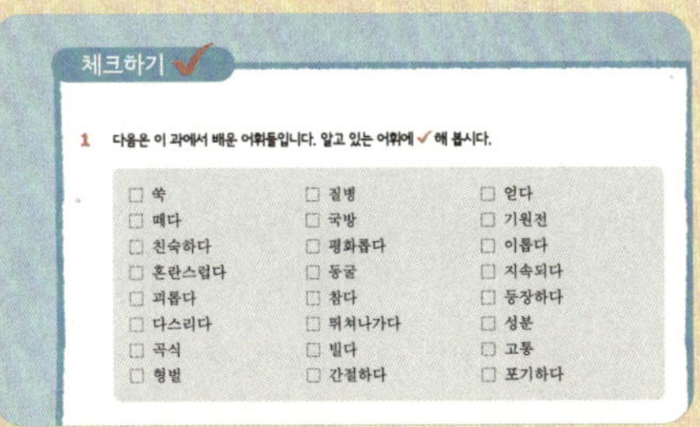

⑪ 체크하기

这一板块帮助学习者对各课所学的词汇和语法进行测评。

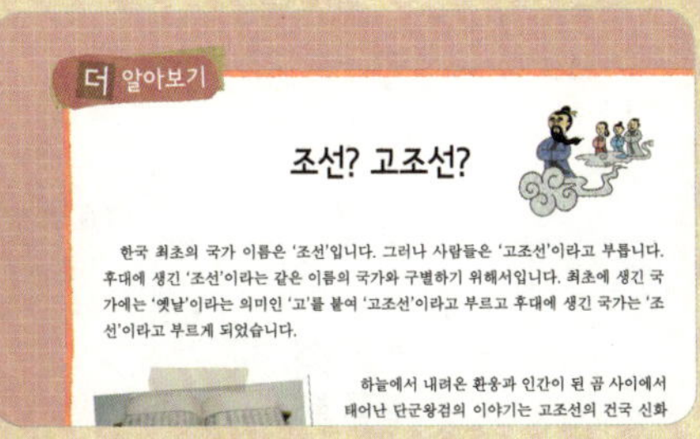

⑫ 더 알아보기

这一板块帮助学习者进一步了解正文中未能涉及到的背景故事或拓展内容。通过对相关资料的拓展阅读，可以进一步加深对韩国历史和韩国语的理解。

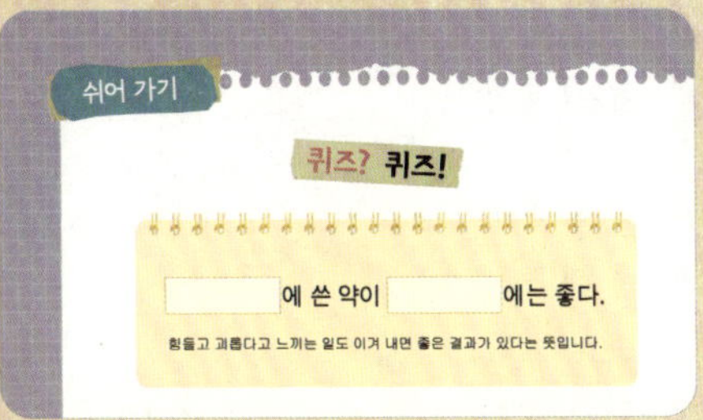

⑬ 쉬어 가기

这一板块将呈现与课文素材或主题相关的内容，多以谚语、问答、歌曲、游戏、拼图等有趣的形式构成，以此消除学习带来的紧张感，帮助学习者轻松完成本课的学习。

本书结构

시대	과	제목	내용	문형과 표현 익히기	더 알아보기	쉬어 가기	연표로 보는 역사
1장 고조선 시대	1	쑥과 마늘 - 단군 이야기	쑥과 마늘에 얽힌, 단군이 고조선을 세우기까지의 이야기	-(으)려야 -(으)ㄹ 수 없다 -고자 -더라도	조선? 고조선? 고조선의 대표 유물	입에 쓴 약이 몸에는 좋다. 쑥개떡 만들기	연표로 보는 고조선 시대
2장 삼국 시대	2	생각하기 나름 - 원효 대사 이야기	원효 대사가 모든 것은 생각하기 나름이라는 깨달음을 얻고 백성들에게 불교를 전파한 이야기	-(으)ㄹ 겸 -다니/(이)라니 -기 나름	해골 물 이야기는 사실? 하늘을 받칠 기둥과 설총	꿈보다 해몽이 좋다. 생각하기 나름	연표로 보는 삼국 시대
3장 고려 시대	3	억울한 누명 - 왕건 이야기	왕건이 억울한 누명에 현명하게 대처함으로써 위기에서 벗어난 이야기	-아/어 가다/오다 -(으)ㄴ/는 척하다 -자	고려?	뛰어 봤자 부처님 손바닥 우리도 관심법을?	연표로 보는 고려 시대
	4	대를 이은 열정 - 최무선 이야기	최무선, 그의 아들, 손자까지 총 3대가 화약을 만드는 데 평생을 바친 이야기	-(으)ㄹ 뿐만 아니라(뿐만 아니라) 은/는커녕 (이)야말로	고려와 Korea	화약을 지고 불로 들어간다. 열정 테스트	
4장 조선 시대	5	백성을 사랑한 왕 - 세종 대왕 이야기	사랑하는 백성들을 위해 한글을 만들었던 세종 대왕 이야기	에 의해(서) -곤 하다 -는 데(에)	훈민정음의 특징 28자 중 사라진 4글자는?	낫 놓고 기역자도 모른다. 초성 게임	연표로 보는 조선 시대
	6	홀연히 사라진 천재 과학자 - 장영실 이야기	신분을 뛰어넘어 눈부신 과학적 성과를 보였으나 홀연히 역사에서 사라진 장영실 이야기	-아/어다가 을/를 비롯하여 -는 바람에	장영실의 발명품	개천에서 용 난다. 열두 동물과 시간	

시대	과	제목	내용	문형과 표현 익히기	더 알아보기	쉬어 가기	연표로 보는 역사
4장 조선 시대	7	나라를 구한 영웅 - 이순신 이야기	뛰어난 지도력으로 나라를 지켜낸 이순신 장군 이야기	에 따라(서) -아/어 봤자 -는 한	이순신의 3대 대첩	적을 알고 나를 알면 백번 싸워도 위태롭지 않다! 가로세로 퍼즐	연표로 보는 조선 시대
	8	뒤틀린 나무 - 사도 세자 이야기	뒤틀린 나무에 얽힌 뒤주에 갇혀 죽은 사도 세자 이야기	-아/어 버리다 -(으)로 인해 -(으)ㄴ 채(로)	탕평채와 탕평책	부모가 죽으면 땅에 묻고 자식이 죽으면 가슴에 묻는다. 탕평채 만들기	
	9	나눔을 실천한 삶 - 김만덕 이야기	자신의 재산을 가난한 사람들에게 아낌없이 나눠 줬던 제주 거상 김만덕 이야기	-다 보니 -도록 (이)나마	출륙 금지	곳간에서 인심 난다. 나는 어떤 사람?	
	10	시대를 뛰어넘은 사상가 - 정약용 이야기	평등한 세상을 꿈꾸던 조선의 개혁가 정약용 이야기	조차 -(으)ㄹ까 봐 -았/었더니	실학과 정약용	끈 떨어진 연 생각 뛰어넘기	

目 录

4장 조선 시대

附 录

1장
고조선 시대

제1과 쑥과 마늘 - 단군 이야기

쑥과 마늘

- 단군 이야기

1. 여러분 나라에 역사적인 의미를 갖는 요리나 재료가 있습니까?
2. 그 요리나 재료와 관계있는 이야기가 있습니까?

이야기 상상하기

● 다음 그림의 내용을 상상한 후 이야기 순서대로 문장을 만드십시오.

상상하며 듣기

1 그림을 보고 이야기의 순서를 상상해 봅시다.

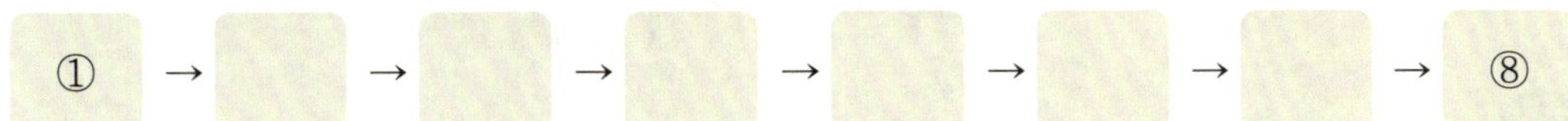

① → → → → → → → ⑧

2 그림을 보면서 녹음을 듣고 이야기 순서대로 그림의 번호를 써 보세요.

001

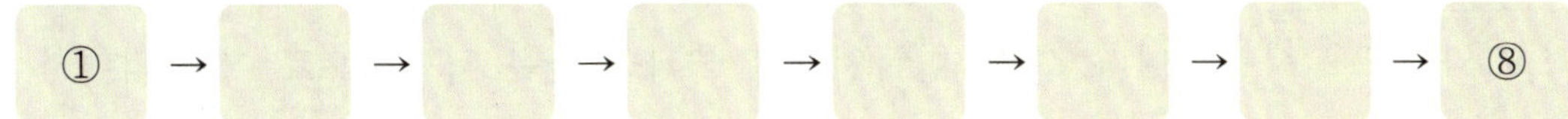

① → → → → → → → ⑧

3 위의 순서에 맞게 이야기를 다시 구성해서 말해 보세요.

어휘

쑥 艾草
떼다 断绝, 分开
친숙하다 熟悉
혼란스럽다 混乱
괴롭다 痛苦
다스리다 治理
곡식 粮食
형벌 刑罚
질병 疾病
국방 国防
평화롭다 和平
동굴 洞穴
참다 忍耐
뛰쳐나가다 跑出去, 逃离
빌다 祈求
간절하다 恳切
얻다 获得
기원전 公元前
이롭다 有利于
지속되다 持续
등장하다 登场, 出现
성분 成分
고통 苦痛
포기하다 放弃, 抛弃

쑥과 마늘

가 002

여러분 나라에서는 쑥과 마늘을 얼마나 자주 먹습니까? 한국인에게 있어서 쑥과 마늘은 떼려야 뗄 수 없을 정도로 매우 친숙한 식물입니다. 한국인은 쑥과 마늘을 음식으로도 먹고 약으로도 사용합니다. 그럼, 한국인에게 쑥과 마늘은 역사적으로 어떤 의미가 있을까요? 이 의미를 알기 위해서는 약 5000년 전 한국에서 무슨 일이 있었는지 알아볼 필요가 있습니다.

나 003

옛날 하늘나라에 환인이라는 왕이 있었습니다. 환인에게는 환웅이라는 아들이 있었는데, 환웅은 하늘나라에는 관심이 없고 인간들이 사는 세상에만 관심이 있었습니다. 환웅이 본 인간 세상은 전쟁으로 혼란스러웠습니다. 환웅은 괴로워하는 인간들을 보며 인간 세상에 내려오기로 결심했습니다.

다 004

환웅은 아버지로부터 '천부인'을 받은 후 인간 세상을 잘 다스리기 위해 풍백, 운사, 우사와 함께 3천 명의 사람들을 데리고 인간 세상에 내려왔습니다. 환웅은 인간들에게 곡식, 형벌, 질병, 국방, 교육에 관계된 360여 가지 일을 가르치고 다스렸습니다. 환웅이 온 후 인간 세상은 평화로워졌습니다.

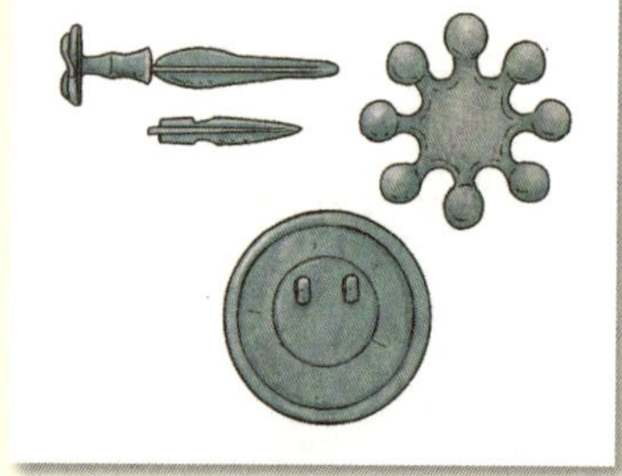

▲ 천부인

라 005

평화롭게 사는 인간을 보며 곰과 호랑이가 인간이 되고자 환웅을 찾아왔습니다. 환웅은 쑥과 마늘을 주면서 말했습니다.

"100일 동안 빛을 보지 말고, 쑥과 마늘만 먹으면 인간이 될 것이다."

곰과 호랑이는 쑥과 마늘을 가지고 동굴 속으로 들어갔습니다.

마 006

어둠 속에서 곰과 호랑이는 쓰고 매운 쑥과 마늘을 참고 먹었습니다. 며칠이 지나고 괴로움을 이기지 못한 호랑이는 동굴 밖으로 뛰쳐나갔습니다. 하지만 곰은 인간이 될 수 있다는 희망을 버리지 않았습니다. 삼칠일(21일)이 되었을 때 곰은 자신의 몸에 변화가 생긴 것을 알고 동굴 밖으로 나왔습니다. 밝은 곳에서 보니 곰은 여자가 되어 있었습니다.

바 007

여자가 된 곰은 결혼하여 행복하게 살고 싶었습니다. 그래서 좋은 남편을 찾아 달라고 하늘에 빌었습니다. 간절한 소원을 들은 환웅은 그녀와 결혼을 하였습니다. 그리고 아들을 얻게 되었습니다. 이 아들은 자라서 왕이 되었고 사람들은 그를 단군왕검이라고 불렀습니다.

▲ 단군왕검

사 008

단군은 기원전 2333년에 '아사달'을 수도로 정하고 한국 최초의 국가인 '조선'을 세웠습니다. 단군은 모든 인간을 이롭게 하겠다는 생각으로 법을 만들고 나라를 다스렸습니다. 단군의 조선은 그 후 약 2000년 동안 지속되었다고 합니다.

아 009

이처럼 한국 역사의 시작에 '쑥과 마늘'이 등장합니다. 그런데 환웅은 왜 쑥과 마늘을 먹으라고 했을까요? 쑥과 마늘은 쓴맛과 매운맛 때문에 먹기에 괴롭습니다. 하지만 참고 먹으면 쑥과 마늘에 들어 있는 좋은 성분이 결국 몸을 이롭게 합니다. 곰은 쓴맛과 매운맛이라는 고통을 이겨 내고 인간이 되었습니다. 한국인들도 역사 속에서 수많은 고통과 괴로움을 곰처럼 이겨 냈습니다. 어떠한 어려움이 오더라도 포기하지 않으면 이겨 낼 수도 있다는 의미가 쑥과 마늘에 있는 것이 아닐까요?

내용 이해하기

1 **인간이 되고 싶어 하는 곰과 호랑이에게 환웅은 무엇을 주었습니까?**

____

2 **인간이 된 곰은 하늘에 무엇을 빌었습니까?**

____

3 **다음 중 환웅과 관계가 없는 것을 고르십시오.**

① 환웅은 하늘나라의 왕이었습니다.

② 환웅은 천부인을 가지고 왔습니다.

③ 환웅이 낳은 아들은 단군왕검입니다.

④ 환웅은 여자가 된 곰과 결혼했습니다.

4 **이 글의 내용과 같으면 ○, 다르면 × 하십시오.**

(1) 호랑이는 삼칠일이 되었을 때 동굴 밖으로 뛰쳐나갔다. (　　)

(2) 환웅은 인간들에게 360여 가지 일을 가르치고 다스렸다. (　　)

(3) 한국인은 쑥과 마늘을 음식으로도 먹고 약으로도 사용한다. (　　)

5 **이 글의 내용에 맞게 빈칸에 알맞은 말을 쓰십시오.**

단군은 (1) (　　　　　) 2333년에 '아사달'을 수도로 하는 한국 최초의 국가인 (2) (　　　　　)을/를 세웠습니다. 단군은 모든 인간을 (3) (　　　　　) 하겠다는 생각으로 법을 만들고 나라를 다스렸습니다. 단군의 조선은 그 후 약 2000년 동안 (4) (　　　　　) 합니다.

내용 정리하기

● 녹음을 듣고 다음의 어휘를 사용하여 문단별로 요약해 보십시오. 002~009

가 쑥과 마늘　한국인　떼다　친숙하다　음식　약　사용하다

____

나 환웅　인간 세상　관심　전쟁　괴로워하다　하늘나라　결심하다

____

다 천부인을 받다　인간 세상　인간　360　가르치다　다스리다　평화롭다

____

라 곰과 호랑이　인간이 되다　환웅　100일　빛　쑥과 마늘　동굴

____

마 쑥과 마늘　쓰고 맵다　호랑이　뛰쳐나가다　삼칠일　곰　여자

____

바 여자가 된 곰　결혼　남편　소원　환웅　아들을 얻다　단군왕검

____

사 기원전 2333년　아사달　수도　조선　모든 인간　이롭게 하다　다스리다

____

아 쑥과 마늘　괴롭다　몸에 이롭다　어려움　포기하다　이겨 내다　의미

____

1 -(으)려야 -(으)ㄹ 수 없다

어떤 행위나 동작을 하려고 해도 할 수 없을 때 사용하는 표현

(1) 요즘 바빠서 **쉬려야 쉴 수 없어요**.
(2) 불면증 때문에 **자려야 잘 수 없어요**.
(3) 옷이 작아서 **입으려야 입을 수 없습니다**.
(4) 음치인 내 친구 노래는 **들으려야 들을 수 없다**.
(5) 쑥과 마늘은 한국인에게 **떼려야 뗄 수 없을** 정도로 친숙한 식물이다.

2 -고자

선행절이 후행절의 목적이나 의도가 될 때 사용하는 표현

(1) 꿈을 **이루고자** 열심히 노력합니다.
(2) 환경 문제에 대해 여러분과 **의논하고자** 합니다.
(3) 그 문제의 답을 **찾고자** 지금까지 연구하였습니다.
(4) 곰과 호랑이는 인간이 **되고자** 환웅을 찾아왔습니다.
(5) 여러분에게 일의 진행 상황을 **알려 드리고자** 합니다.

3 -더라도

선행절의 가정된 상황과 관계없이 후행절이 이루어질 때 사용하는 표현

(1) **바쁘더라도** 밥은 꼭 먹어야 해요.
(2) 결과가 **나쁘더라도** 실망하지 마세요.
(3) 고향에 **돌아가더라도** 자주 연락하세요.
(4) 밤에 늦게 **자더라도** 저는 항상 같은 시간에 일어나요.
(5) 어려움이 **있더라도** 쉽게 포기하지 말고 이겨 내야 합니다.

더 생각해 보기

(1) 하늘나라의 왕자가 혼란스러운 인간 세상으로 내려온다는 것은 무엇을 나타낼까요?

(2) 환웅이 나라를 잘 다스리기 위해 데려온 풍백, 운사, 우사는 무엇을 하는 사람일까요?

(3) 어두운 동굴에서 쑥과 마늘을 먹고 곰이 인간이 되었다는 것은 무엇을 나타낼까요?

실력 다지기

● **[1~5] 다음 괄호에 알맞은 것을 고르십시오.**

1 학기 초에는 환경이 바뀌기 때문에 학교가 매우 (   ).

① 다양하다 ② 번거롭다 ③ 자랑스럽다 ④ 혼란스럽다

2 전쟁이 없는 (   ) 세상에서 살고 싶다.

① 완전한 ② 위험한 ③ 평화로운 ④ 위태로운

3 가난한 사람들의 (   )을 무료로 치료해 주는 의사가 많다.

① 질병 ② 단점 ③ 고민 ④ 생각

4 선생님의 말씀을 듣고 자신감을 (   ).

① 구했다 ② 얻었다 ③ 들었다 ④ 생겼다

5 수술을 잘 마칠 수 있게 해 달라고 (   ) 기도했다.

① 간절히 ② 간단히 ③ 대단히 ④ 꼼꼼히

● **[6~7] 다음 밑줄 친 부분과 의미가 비슷한 것을 고르십시오.**

6 한국어를 공부하기 힘들어도 중간에 <u>포기하지</u> 마세요.

① 끊지 ② 자르지 ③ 그치지 ④ 그만두지

7 두 사람은 가족처럼 <u>친숙한</u> 사이이다.

① 친절한 ② 익숙한 ③ 친근한 ④ 낯익은

[8~10] 다음 밑줄 친 부분과 의미가 반대인 것을 고르십시오.

8 옷에서 가격표를 떼면 환불이 안 됩니다.

① 만지면 ② 붙이면 ③ 누르면 ④ 돌리면

9 잠자리는 모기를 잡아먹는 이로운 곤충입니다.

① 해로운 ② 부러운 ③ 괴로운 ④ 외로운

10 유명한 배우가 무대에 등장하자 관객들이 환호했다.

① 사라지자 ② 나타나자 ③ 퇴장하자 ④ 나오자

[11~13] 아래에서 알맞은 것을 골라 문장을 완성하십시오.

-(으)려야 -(으)ㄹ 수 없다	-고자	-더라도

11 가 내일 비가 온대요. 우리 야유회 갈 수 있어요?

나 네, 비가 ______________ 야유회에 갑니다.

12 가 한국에 어떻게 오셨나요?

나 저는 한국 전통 무용을 ______________ 한국에 왔습니다.

13 가 영수 씨, 요즘 왜 운동하러 안 나오세요?

나 저도 운동하고 싶은데 일이 많아서 ______________.

체크하기 ✔

1 다음은 이 과에서 배운 어휘들입니다. 알고 있는 어휘에 ✔해 봅시다.

□ 쑥	□ 질병	□ 얻다
□ 떼다	□ 국방	□ 기원전
□ 친숙하다	□ 평화롭다	□ 이롭다
□ 혼란스럽다	□ 동굴	□ 지속되다
□ 괴롭다	□ 참다	□ 등장하다
□ 다스리다	□ 뛰쳐나가다	□ 성분
□ 곡식	□ 빌다	□ 고통
□ 형벌	□ 간절하다	□ 포기하다

2 다음 ( ) 안에 들어갈 표현을 알고 있는지 ✔하고 써 봅시다.

□ 불면증 때문에 ( ).

□ 음치인 내 친구 노래는 ( ).

□ 꿈을 ( ) 열심히 노력합니다.

□ 결과가 ( ) 실망하지 마세요.

□ 고향에 ( ) 자주 연락하세요.

□ 그 문제의 답을 ( ) 지금까지 연구하였습니다.

□ 곰과 호랑이는 인간이 ( ) 환웅을 찾아왔습니다.

□ 어려움이 ( ) 쉽게 포기하지 말고 이겨 내야 합니다.

□ 쑥과 마늘은 한국인에게 ( ) 정도로 친숙한 식물이다.

3 다음 표 안의 문장을 읽고 할 수 있는 정도에 따라 상·중·하에 ✔해 봅시다.

'쑥과 마늘'의 내용에 대해 말할 수 있다.	상	중	하
'쑥과 마늘'에서 배운 어휘와 문법을 사용하여 말할 수 있다.	상	중	하
'쑥과 마늘'을 통해 한국 역사를 이해하는 데 도움이 되었다.	상	중	하

더 알아보기

조선? 고조선?

한국 최초의 국가 이름은 '조선'입니다. 그러나 사람들은 '고조선'이라고 부릅니다. 후대에 생긴 '조선'이라는 같은 이름의 국가와 구별하기 위해서입니다. 최초에 생긴 국가에는 '옛날'이라는 의미인 '고'를 붙여 '고조선'이라고 부르고 후대에 생긴 국가는 '조선'이라고 부르게 되었습니다.

▲ 삼국유사

하늘에서 내려온 환웅과 인간이 된 곰 사이에서 태어난 단군왕검의 이야기는 고조선의 건국 신화입니다. 고조선에 대한 기록은 고려 시대에 쓰인 『삼국유사』에서 볼 수 있습니다. 이 책에서는 『위서』의 내용을 인용하여 고조선 이야기를 소개하였습니다. 또한 중국의 책인 『한서지리지』에도 고조선의 이야기가 기록되어 있습니다. 하지만 '고조선'에 대한 기록은 한국에 많이 남아 있지 않습니다. 긴 역사 속에서 주변 나라의 잦은 침입으로 역사책이 많이 사라졌기 때문입니다.

고조선의 대표 유물

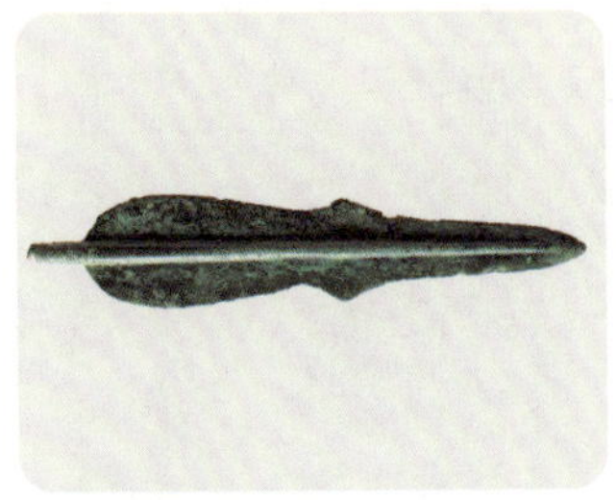
▲ 비파형 동검

▲ 고인돌

▲ 붉은간토기

쉬어 가기

퀴즈? 퀴즈!

[　　　　]에 쓴 약이 [　　　　]에는 좋다.

힘들고 괴롭다고 느끼는 일도 이겨 내면 좋은 결과가 있다는 뜻입니다.

쑥개떡 만들기

재료

쑥, 쌀가루, 소금, 설탕

방법

① 쑥을 깨끗이 씻는다.

② 쑥을 끓는 물에 넣고 삶는다.

③ 찬물로 쑥을 씻고 꼭 짠다.

④ 쑥에 쌀가루, 소금, 설탕을 넣고 물을 조금씩 넣으며 반죽한다.

⑤ 적당한 크기로 동글납작하게 만든다.

⑥ 찜기에 넣고 찐다.

⑦ 조금 식은 후 참기름을 바른다.

쉬어 가기 답 입, 몸

연표로 보는 고조선 시대

구석기 시대
약 B.C. 70만 ~ B.C. 8000

신석기 시대
B.C. 8000 ~ B.C. 2333

중국 문명
B.C. 5000

이집트 문명
B.C. 3000

메소포타미아 문명
B.C. 3500

인더스 문명
B.C. 2500

고조선
B.C. 2333

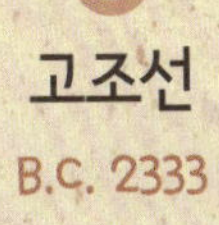

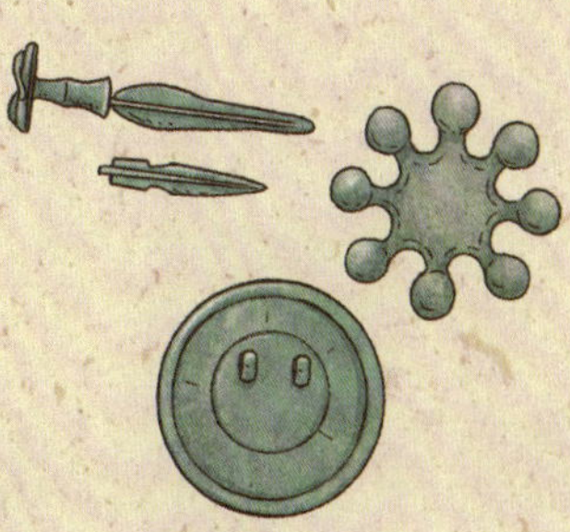

2장
삼국 시대

제2과 생각하기 나름 - 원효 대사 이야기

제2과 생각하기 나름 – 원효 대사 이야기

1. '보고 싶은 대로 보이고, 듣고 싶은 대로 들린다'는 말은 무슨 뜻일까요?
2. 여러분은 같은 일인데 생각에 따라 다르게 느낀 적이 있습니까?

이야기 상상하기

● 다음 그림의 내용을 상상한 후 이야기 순서대로 문장을 만드십시오.

상상하며 듣기

1 그림을 보고 이야기의 순서를 상상해 봅시다.

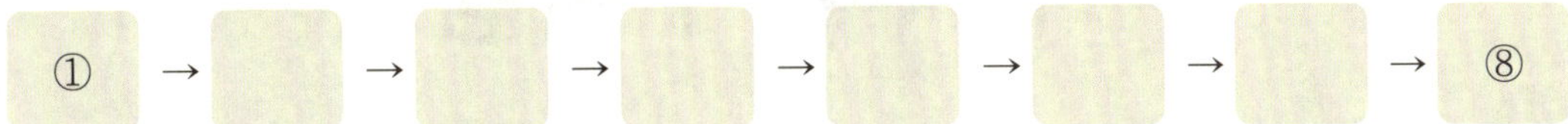

2 그림을 보면서 녹음을 듣고 이야기 순서대로 그림의 번호를 써 보세요.

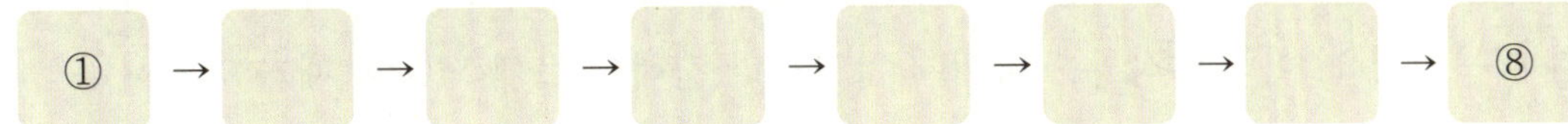

3 위의 순서에 맞게 이야기를 다시 구성해서 말해 보세요.

어휘

상황 情况
스님 和尚
불심 佛心
스승 老师
불교 佛教
깨닫다 觉悟
더듬거리다 抚摸
벌컥벌컥 咕噜咕噜
해골 骸骨
고이다 积聚
썩다 腐败
구역질 呕吐

발길을 돌리다 转身回去
백성 百姓
자루 把柄
도끼 斧头
받치다 支撑
눈높이 眼光
온 全
퍼지다 传遍
불쾌하다 不愉快
시선 视线
성장 成长
밑거름 基础

생각하며 읽기

생각하기 나름

가 011

하루 종일 일을 하다가 집에 돌아오는 길은 매우 멀고 힘들게 느껴집니다. 하지만 같은 길이라도 사랑하는 사람과 함께하는 길은 짧게만 느껴집니다. 그 사람과 함께하면 행복하기 때문이지요. 이렇게 상황은 바뀌지 않았지만 전혀 다르게 느껴질 때가 있습니다.

나 012

지금으로부터 약 1400년 전 신라에 원효라는 스님이 있었습니다. 원효 스님은 어려서부터 불심이 깊어서 15살에 집을 절로 만들며 스님이 되었습니다. 원효 스님은 여러 스승을 통해 불교에 대해 공부하며 스스로 깨닫는 것에 기쁨을 느꼈습니다. 그러던 어느 날 유명한 스님이 인도에서 당나라에 돌아왔다는 말을 듣고 배움을 얻기 위해서 당나라로 떠났습니다.

다 013

원효 스님은 당나라로 가는 길에 산 속에서 큰비를 만났습니다. 비도 피할 겸 잠도 자고 갈 겸 해서 근처에 보이는 동굴로 들어갔습니다. 원효 스님은 너무 피곤해서 동굴에 들어간 후 바로 잠이 들었습니다.

▲ 원효 대사

라 014

목이 말라서 잠이 깬 원효 스님은 주변을 더듬거리다가 물그릇을 찾았습니다. 그리고 그 물을 벌컥벌컥 마셨습니다. 다음날 아침 원효 스님은 깜짝 놀랐습니다. 어젯밤에 마신 물은 해골에 고인 썩은 물이었습니다. '내가 저렇게 더러운 물을 마셨다니.' 갑자기 구역질이 나왔습니다.

마 015

'모르고 마실 때는 시원하고 달기만 했는데, 더러운 물이라는 것을 알게 되니까 구역질이 나오는구나.' 원효 스님은 큰 깨달음을 얻었습니다. '모든 것은 생각하기 나름인데 나는 지금 어디에 무엇을 배우러 가는가?' 원효 스님은 발길을 돌려 신라로 돌아왔습니다. 그리고 모든 것은 생각하기 나름이라는 깨달음을 사람들에게 알렸습니다.

바 016

원효 스님은 백성들에게 불교에 대해 이야기하면서 자루 없는 도끼를 빌려주면 하늘을 받칠 기둥을 만들겠다는 내용의 노래도 부르고 다녔습니다. 사람들은 이 노래의 의미를 몰랐습니다. 그러나 신라의 왕은 원효 스님의 뜻을 알고 남편 없이 혼자 사는 자신의 딸을 스님에게 소개하였습니다. 원효 스님은 공주와 함께 궁에서 생활하게 되었습니다. 얼마 후 공주가 임신을 하게 되었고, 원효 스님은 이제 하늘을 받칠 기둥이 만들어졌다고 생각하며 궁을 나왔습니다.

▲ 도끼

사 017

궁을 나온 원효 스님은 불교를 백성들에게 알리고자 스님의 옷을 벗고 백성들과 함께 노래하며 춤을 췄습니다. 그리고 백성들의 눈높이에 맞춰 불교에 대해 쉽게 이야기해 주었습니다. 그 후 어린아이부터 노인들까지 모든 백성이 '나무아미타불'을 알게 되었고, 온 나라에 불교가 퍼지게 되었습니다.

아 018

썩은 물을 마신 것은 매우 불쾌한 일이었지만 원효 스님은 이 일로 큰 깨달음을 얻었습니다. 우리도 살면서 썩은 물을 마시는 것과 같은 불쾌한 경험을 할 때가 있습니다. 그때마다 불쾌하다는 감정에 빠져 있기보다는 원효 스님처럼 그 일을 다른 시선으로 바라보고자 노력한다면 불쾌한 일도 우리를 성장시키는 밑거름이 될 수 있을 것입니다.

내용 이해하기

1 원효 스님은 왜 동굴로 들어갔습니까?

____

2 원효 스님이 구역질을 한 이유는 무엇입니까?

____

3 다음 중 원효 스님에 대한 설명으로 틀린 것을 고르십시오.

① 원효 스님은 15살에 스님이 되었습니다.

② 원효 스님은 당나라에 갔다가 왔습니다.

③ 원효 스님은 어려서부터 불심이 깊었습니다.

④ 원효 스님은 백성들에게 불교를 알렸습니다.

4 이 글의 내용과 같으면 ○, 다르면 × 하십시오.

(1) 신라의 왕은 원효 스님에게 자신의 딸을 소개했습니다. (　　　)

(2) 원효 스님은 해골에 고인 물을 마시고 큰 깨달음을 얻었습니다. (　　　)

(3) 원효 스님은 유명한 스님에게 배움을 얻고자 당나라로 떠났습니다. (　　　)

5 이 글의 내용에 맞게 빈칸에 알맞은 말을 쓰십시오.

목이 말라서 잠이 깬 원효 스님은 주변을 (1) (　　　　) 물그릇을 찾았습니다. 그리고 그 물을 (2) (　　　　) 마셨습니다. 다음날 아침 원효 스님은 깜짝 놀랐습니다. 어젯밤에 마신 물은 (3) (　　　　)에 고인 (4) (　　　　) 물이었습니다.

내용 정리하기

● 녹음을 듣고 다음의 어휘를 사용하여 문단별로 요약해 보십시오. 011~018

가 같은 길 사랑하는 사람 함께하다 짧게 상황 다르게 느껴질 때

____

나 원효 스님 여러 스승 불교 깨닫다 기쁨 배움을 얻다 당나라

____

다 산 속 큰비 비를 피하다 자고 가다 동굴 피곤하다 잠들다

____

라 목이 마르다 잠이 깨다 더듬거리다 물그릇 벌컥벌컥 깜짝 놀라다

____

마 깨달음을 얻다 발길을 돌리다 돌아오다 생각하기에 달려 있다 알리다

____

바 신라의 왕 소개하다 공주 임신 하늘을 받칠 기둥 생각하다 궁을 나오다

____

사 원효 스님 백성들 노래하며 춤추다 그 후 외우다 온 나라 퍼지다

____

아 불쾌한 일 경험하다 다른 시선 바라보다 불쾌한 일 성장시키다 밑거름

____

문형과 표현 익히기

1 -(으)ㄹ 겸

어떤 행위의 목적이 둘 이상일 때 사용하는 표현

(1) 스트레스를 **풀 겸** 여행을 다녀왔어요.

(2) 머리도 **식힐 겸** 커피 한잔하고 와야겠어요.

(3) 운동도 **할 겸** 기분도 **전환할 겸** 산책을 했어요.

(4) 식사도 **할 겸** 오해도 **풀 겸** 해서 이 자리를 만들었어요.

(5) 다리도 **쉴 겸** 이야기도 **할 겸** 저쪽에 있는 의자에 앉자.

2 -다니/(이)라니

뜻밖의 일에 놀라거나 믿을 수 없는 일이라고 생각될 때 사용하는 표현

(1) 12살에 대학에 **입학하다니**!

(2) 여름에 눈이 **오다니** 믿을 수 없다.

(3) 한국어를 그렇게 잘하는데 **외국 사람이라니**!

(4) 그동안 열심히 공부했는데 시험을 안 **보겠다니**!

(5) 아이가 벌써 대학생이 **되었다니** 시간이 참 빠르네요.

3 -기 나름

어떤 일이나 행위가 달라질 수 있음을 나타내는 표현

(1) 모든 일은 자기가 **하기 나름**이다.

(2) 모든 물건의 수명은 **사용하기 나름**이다.

(3) 행복한 결혼 생활은 부부가 **하기 나름**이에요.

(4) 이 일의 결과는 우리가 **노력하기 나름**이니까 열심히 합시다.

(5) 아이가 좋은 습관을 갖게 하는 것은 부모가 **가르치기 나름**이지요.

더 생각해 보기

(1) 모르고 마신 물이 해골에 고인 썩은 물이었다면 여러분은 어떻게 했을까요?

(2) 하늘을 받칠 기둥을 만든다는 것은 무엇을 의미할까요?

(3) 여러분도 원효 스님처럼 불쾌한 일을 통해 깨달음을 얻은 적이 있나요?

실력 다지기

● [1~5] 다음 괄호에 알맞은 것을 고르십시오.

1 고집이 센 사람은 스스로 (　　) 전까지는 자신의 잘못을 알지 못한다.

① 깨닫기　② 말하기　③ 설명하기　④ 공부하기

2 지진으로 갑자기 정전이 되어서 벽을 (　　) 밖으로 나왔다.

① 훌쩍거리며　② 더듬거리며　③ 깜빡거리며　④ 흔들거리며

3 안 하던 운동을 갑자기 하니까 (　　) 몸이 다 아프다.

① 온　② 한　③ 전신　④ 전체

4 목이 너무 말라서 물병의 물을 한 번에 (　　) 마셨다.

① 두근두근　② 비틀비틀　③ 쿵쾅쿵쾅　④ 벌컥벌컥

5 한 달 전에 산 사과가 냉장고 안에서 (　　) 있었다.

① 모여　② 썩어　③ 바꿔　④ 담아

● [6~8] 다음 밑줄 친 부분과 의미가 비슷한 것을 고르십시오.

6 나는 배를 타면 어지럽고 구역질이 난다.

① 화　② 짜증　③ 구토　④ 멀미

7 소문은 참 빠르다. 금방 사람들에게 퍼진다.

① 도착한다　② 다가간다　③ 연결된다　④ 알려진다

8 갑자기 유명인이 되니까 사람들의 시선이 부담스럽다.

① 눈길　② 시력　③ 연락　④ 의심

[9~10] 다음 밑줄 친 부분과 의미가 반대인 것을 고르십시오.

9 고인 물은 시간이 지나면 썩는다.

① 맑은 ② 쌓인 ③ 탁한 ④ 흐르는

10 그 영화는 너무 폭력적이고 잔인해서 보기가 불쾌하다.

① 쾌활하다 ② 상쾌하다 ③ 유쾌하다 ④ 통쾌하다

[11~13] 아래에서 알맞은 것을 골라 문장을 완성하십시오.

-(으)ㄹ 겸	-다니/(이)라니	-기 나름

11 가 너무 많이 먹었나 봐.

나 그럼, 우리 먹은 걸 ______________ 산책하러 나가자.

12 가 민수 씨가 출근길에 교통사고가 나서 좀 늦게 온대요.

나 교통사고가 ______________! 다치지 않았대요?

13 가 어젯밤 꿈이 너무 이상해서 하루 종일 기분이 안 좋아요.

나 좋게 해석하세요. 꿈은 ______________.

체크하기

1 **다음은 이 과에서 배운 어휘들입니다. 알고 있는 어휘에 ✓ 해 봅시다.**

□ 상황	□ 해골	□ 받치다
□ 스님	□ 고이다	□ 눈높이
□ 불심	□ 썩다	□ 온
□ 스승	□ 구역질	□ 펴지다
□ 불교	□ 발길을 돌리다	□ 불쾌하다
□ 깨닫다	□ 백성	□ 시선
□ 더듬거리다	□ 자루	□ 성장
□ 벌컥벌컥	□ 도끼	□ 밑거름

2 **다음 (　　) 안에 들어갈 표현을 알고 있는지 ✓ 하고 써 봅시다.**

□ 모든 일은 자기가 (　　　　　　)이다.

□ 여름에 눈이 (　　　　　　) 믿을 수 없다.

□ 한국어를 그렇게 잘하는데 (　　　　　　)!

□ 스트레스를 (　　　　　　) 여행을 다녀왔어요.

□ 머리도 (　　　　　　) 커피 한잔하고 와야겠어요.

□ 아이가 벌써 대학생이 (　　　　　　) 시간이 참 빠르네요.

□ 이 일의 결과는 우리가 (　　　　　　)이니까 열심히 합시다.

□ 아이가 좋은 습관을 갖게 하는 것은 부모가 (　　　　　　)이지요.

□ 다리도 (　　　　　　) 이야기도 (　　　　　　) 저쪽에 있는 의자에 앉자.

3 **다음 표 안의 문장을 읽고 할 수 있는 정도에 따라 상·중·하에 ✓ 해 봅시다.**

'생각하기 나름'의 내용에 대해 말할 수 있다.	상	중	하
'생각하기 나름'에서 배운 어휘와 문법을 사용하여 말할 수 있다.	상	중	하
'생각하기 나름'을 통해 한국 역사를 이해하는 데 도움이 되었다.	상	중	하

더 알아보기

해골 물 이야기는 사실?

원효 스님의 이야기는 중국과 일본에도 전해집니다. 중국의 『임간록』에는 원효 스님과 해골 물 이야기가 전해지지만, 『종경록』에는 해골 물이 아니고 시체 썩은 물이라고 전해지고, 『송고승전』에는 원효 스님의 이야기를 소개했지만 해골 물이나 시체 썩은 물 이야기는 없습니다.

일본의 『화엄연기』에는 원효 스님의 이야기가 그림으로 소개되어 있습니다. 그 그림은 원효 스님과 의상 스님이 무덤에서 자고 있고 그 모습을 도깨비가 보고 있는 그림입니다. 한국, 중국, 일본에서 전해지는 이야기는 다 다르지만 원효 스님이 깨달음을 얻었다는 것은 모두 같습니다.

하늘을 받칠 기둥과 설총

원효 스님은 자루 없는 도끼를 빌려주면 하늘을 받칠 기둥을 만들겠다는 노래를 불렀고 그 말의 의미를 안 신라의 무열왕은 자신의 딸인 요석 공주를 소개했습니다. 그 후 요석 공주는 아들을 낳았는데요. 그가 바로 설총입니다.

설총은 신라의 10대 현인 중 하나이고 3대 문장가 중 하나이며 신라 교육에 크게 공헌한 대학자입니다. 설총의 가장 큰 업적은 '이두'를 정리한 것입니다. '이두'는 한자의 뜻과 소리를 빌려 와서 우리말에 맞게 쓰는 표기법입니다. 신라는 고유의 문자가 없어서 중국의 한자를 빌려 사용했는데 사용하기가 매우 불편했습니다. 설총이 이두를 정리한 후 신라의 백성들은 자신의 생각을 더 쉽게 글로 남길 수 있었고 다른 사람이 쓴 글도 쉽게 이해할 수 있었습니다.

쉬어 가기

퀴즈? 퀴즈!

[　　　　] 보다 해몽이 좋다.

안 좋은 일을 돌려 생각하여 좋게 풀이할 때 사용합니다.

생각하기 나름

다음은 어떤 그림일까요? 그림에서 무엇이 보이는지 말해 봅시다.

쉬어 가기 답 꿈, 여자/노파, 좋은 사람/화난 사람

연표로 보는 삼국 시대

신라 건국
B.C. 57

백제 건국
B.C. 18

호동 왕자 사망
32

원효 대사의
깨달음
661

신라의
삼국 통일
676

3장
고려 시대

제3과 억울한 누명 - 왕건 이야기

제4과 대를 이은 열정 - 최무선 이야기

억울한 누명

– 왕건 이야기

1. 억울한 일을 직접 당하거나 본 적이 있습니까?
2. 여러분은 억울한 일을 당한다면 어떻게 하는 편입니까?

이야기 상상하기

● 다음 그림의 내용을 상상한 후 이야기 순서대로 문장을 만드십시오.

상상하며 듣기

1 그림을 보고 이야기의 순서를 상상해 봅시다.

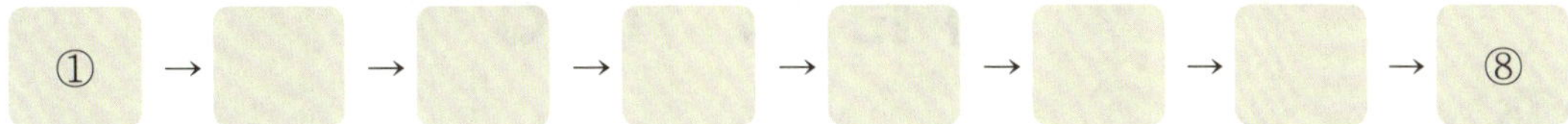

2 그림을 보면서 녹음을 듣고 이야기 순서대로 그림의 번호를 써 보세요.

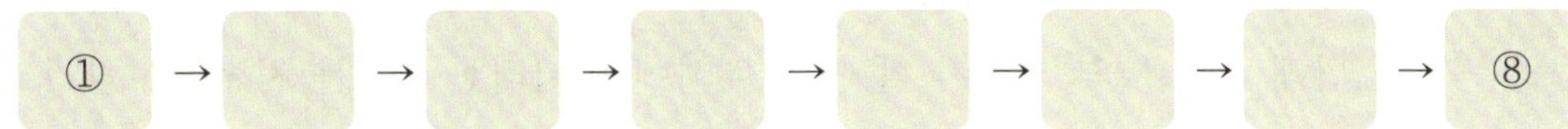

3 위의 순서에 맞게 이야기를 다시 구성해서 말해 보세요.

어휘

억울하다 委屈，冤枉
도둑 窃贼，小偷
폭행 暴行
살인 杀人
누명 冤屈
위기 危机
지혜롭다 有智慧
신하 臣子
사치스럽다 奢侈
난을 일으키다 引起战乱
장군 将军
왕족 王族

세력 势力
관직 官职
승리하다 胜利
잔인하다 残忍
세금을 걷다 收取税金
포악해지다 变得残暴
심지어 甚至于
줍다 捡拾
굽히다 弯下，屈从，不坚持
쳐들어오다 攻入，进犯
바치다 呈献，进贡
통일되다 统一

억울한 누명

가 020

나쁜 일이 생겼을 때, 내가 하지 않았는데 누군가 그 일을 내가 했다고 말한다면 정말 억울할 겁니다. 만약 도둑, 폭행, 살인 등의 억울한 누명을 썼다면 그냥 참을 수 있을까요? 누명을 벗기 위해 어떤 노력을 해야 할까요? 역사에는 이러한 위기를 지혜롭게 넘기고 왕이 된 사람이 있습니다.

나 021

800년대 후반, 신라의 왕과 신하들은 나라를 돌보지 않고 사치스러운 생활을 하며 백성들을 괴롭혔습니다. 백성들은 점점 살기 힘들어져서 산에 들어가거나 곳곳에서 난을 일으켰습니다. 신라의 힘이 약해지면서 신라의 장군 견훤은 전주 지역에 나라를 세웠고, 신라의 왕족 궁예도 세력을 모아 철원 지역에 나라를 세웠습니다.

다 022

나라가 강해지려면 많은 힘이 필요합니다. 그때 송악 지역의 세력가 왕륭이 그의 아들 왕건과 함께 궁예를 찾아왔습니다. 궁예는 왕륭과 왕건에게 관직을 주었습니다. 왕건은 궁예의 장군이 되어 신라와 전쟁을 하며 신라의 여러 지역을 궁예의 나라로 만들어 갔습니다.

▲ 궁예의 고려성

라 023

궁예는 전쟁할 때마다 크게 승리하는 왕건을 더욱 믿게 되었고 나라에서 가장 높은 관직을 주었습니다. 왕건은 전투에서 승리한 지역의 백성들을 자신의 백성처럼 다스렸지만 궁예는 그 지역의 백성을 모두 잔인하게 죽였습니다. 그래서 모든 백성들은 궁예를 두려워하고 왕건을 믿고 따랐습니다.

마 024

궁예는 궁을 크게 짓는다는 이유로 백성들에게 많은 세금을 걷고 힘든 일을 시켰습니다. 백성들은 점점 살기 힘들어졌고 궁예의 성격도 점점 포악해졌습니다. 궁예는 자신이 살아 있는 부처님이기 때문에 다른 사람의 마음을 읽을 수 있는 '관심법'을 할 수 있다고 하며, 마음에 들지 않는 사람들은 모두 죽였습니다. 심지어 자신의 부인과 아들까지도 직접 죽였습니다.

바 025

▲ 왕건

왕건도 궁예의 관심법을 피할 수는 없었습니다. 궁예는 왕건에게 "너는 나를 배신하고 왕이 되려고 하는구나." 라고 말했습니다. 왕건은 억울했습니다. 이때 최응이라는 사람이 떨어뜨린 물건을 줍는 척하며 왕건에게 "굽히지 않으면 위험합니다." 라고 말했습니다. 왕건은 억울함을 말할지 자신을 굽힐지 고민하다가 "죄송합니다. 제가 왕이 되려고 욕심을 냈습니다." 라고 말했습니다. 궁예는 "너는 사실을 말했으니까 목숨을 살려 주겠다." 라고 말하며 크게 웃었습니다.

사 026

궁예의 포악함이 점점 심해지자 신하들과 백성들은 왕건을 왕으로 모시고 궁예가 있는 궁으로 쳐들어왔습니다. 궁예는 아무도 모르게 궁을 나와 산에 숨었는데, 결국 백성들에게 잡혀서 죽임을 당했습니다. 왕건이 왕이 된 후 신라 백성들의 마음은 신라의 왕이 아닌 왕건에게로 옮겨 갔습니다. 신라의 왕은 왕건에게 나라를 바쳤고, 왕건은 견훤이 세운 후백제도 정복하면서 통일된 나라인 고려를 세웠습니다.

아 027

궁예로부터 왕이 되려고 한다는 누명을 썼을 때 왕건은 자신의 억울함을 말하고 싶었을 겁니다. 그러나 왕건이 자신의 억울함을 말하려고 했다면 목숨을 잃었겠지요. 억울하지만 잠시 자신의 뜻을 굽혔기 때문에 왕건은 죽음을 피하고 훗날 왕이 될 수 있었습니다. 만약 우리에게 위기가 온다면 왕건처럼 가장 중요한 것이 무엇인지 생각할 수 있어야겠지요?

내용 이해하기

1 궁예는 무엇으로 다른 사람의 마음을 읽을 수 있다고 했습니까?

---

2 한 신하가 물건을 줍는 척하며 왕건에게 무슨 말을 했습니까?

---

3 다음 중 왕건에 대한 설명으로 틀린 것을 고르십시오.

① 왕건은 자신을 굽힘으로써 목숨을 구할 수 있었습니다.

② 왕건은 아버지와 함께 궁예를 찾아가 관직을 받았습니다.

③ 왕건은 전투에서 승리한 지역의 백성을 잘 다스렸습니다.

④ 왕건은 백성들이 믿고 따르자 왕이 되려고 욕심을 냈습니다.

4 이 글의 내용과 같으면 ○, 다르면 × 하십시오.

(1) 궁예는 점점 포악해져서 가족까지도 죽였습니다. ( )

(2) 신라의 힘이 약해지면서 주변에 새로운 나라들이 생겼습니다. ( )

(3) 왕건은 신라와 후백제와 끝까지 싸워서 나라를 통일시켰습니다. ( )

5 이 글의 내용에 맞게 빈칸에 알맞은 말을 쓰십시오.

궁예의 (1) ( )이/가 점점 심해지자 신하들과 백성들은 왕건을 왕으로 모시고 궁예가 있는 궁으로 (2) ( ). 궁예는 결국 백성들에게 잡혀서 죽임을 당했습니다. 왕건이 왕이 된 후 신라의 왕은 왕건에게 나라를 (3) ( ), 왕건은 견훤이 세운 후백제도 정복하면서 (4) ( ) 나라인 고려를 세웠습니다.

내용 정리하기

● 녹음을 듣고 다음의 어휘를 사용하여 문단별로 요약해 보십시오. 020~027

가 억울한 누명 쓰다 참다 역사 위기 지혜롭게 왕이 되다

____

나 800년대 후반 신라의 힘 약해지다 신라의 왕족 궁예 세력 나라

____

다 궁예 왕륭과 왕건 관직 왕건 궁예의 장군 신라 전쟁

____

라 왕건 승리한 지역 백성 다스리다 궁예 잔인하게 죽이다

____

마 궁예의 성격 포악해지다 관심법 사람들 죽이다 심지어 부인과 아들

____

바 궁예 왕건 배신하다 왕이 되다 억울하다 굽히다 목숨을 구하다

____

사 백성들 왕건 왕 궁예 죽이다 왕건 통일된 나라 고려

____

아 왕건 억울하다 굽히다 죽음 피하다 훗날 왕이 되다

____

문형과 표현 익히기

1 -아/어 가다/오다

동작의 상태를 유지하며 시간이 진행됨을 나타내는 표현. '-아/어 오다'는 과거에서 지금까지, '-아/어 가다'는 지금부터 미래로 시간이 진행됨을 나타냄.

(1) 밥 다 **되어 가니까** 조금만 기다리세요.
(2) 우리 사장님은 평생을 앞만 보고 **달려오셨습니다**.
(3) 박사님은 그동안 **연구해 온** 내용을 논문으로 발표했다.
(4) 저는 지금까지 한국에서 3년을 **살아왔고** 앞으로도 계속 **살아갈** 겁니다.
(5) 그는 과거의 일을 사람들에게 알리기 위해 자신의 이야기를 **써 내려갔다**.

2 -(으)ㄴ/는 척하다

사실과 상반되는 내용을 거짓 태도로 꾸밀 때 사용하는 표현

(1) 수업 중에 몰래 과자를 먹고 **안 먹은 척했다**.
(2) 위험하다고 느낄 때 **죽은 척하는** 동물들이 있다.
(3) 넘어져서 아팠지만 창피해서 **아프지 않은 척했다**.
(4) 아이는 놀다가 엄마의 목소리를 듣고 **공부하는 척했다**.
(5) 나와 싸운 이후로 그 친구는 계속 나를 보고도 **못 본 척한다**.

3 -자

앞의 동작이 전제 조건이 되어 뒤의 동작이 바로 일어날 때 사용하는 표현

(1) 밤이 **되자** 날씨가 갑자기 추워졌다.
(2) 사람들이 모두 자리에 **앉자** 회의가 시작되었다.
(3) 사람들이 **도착하자** 조용하던 항구가 시끄러워졌다.
(4) 아들의 합격 소식을 **듣자** 어머니는 기쁨의 눈물을 흘렸다.
(5) 비가 **그치자** 비를 피해 있던 사람들이 다시 거리로 나왔다.

더 생각해 보기

(1) 최응이 왕건을 도와주지 않았다면 왕건은 어떻게 되었을까요?

(2) 여러분도 왕건처럼 자신을 굽혀서 위기를 넘긴 적이 있습니까?

(3) 관심법을 할 수 있다면 누구의 마음을 보고 싶습니까? 이유는 무엇입니까?

실력 다지기

[1~5] 다음 괄호에 알맞은 것을 고르십시오.

1 아무 잘못 없이 선생님께 혼나는 것은 너무 ( ).

① 당연합니다 ② 무섭습니다 ③ 시원합니다 ④ 억울합니다

2 회사는 거래처의 도움으로 경제적 ( )를 해결할 수 있었다.

① 여유 ② 위기 ③ 기회 ④ 시기

3 학생들은 학교 운동장을 한 바퀴 돌며 떨어져 있는 쓰레기를 ( ).

① 던졌다 ② 버렸다 ③ 얻었다 ④ 주웠다

4 히틀러가 유대인들에게 한 일은 정말 ( ) 일이다.

① 답답한 ② 예상한 ③ 잔인한 ④ 고생한

5 우리 아이는 얼굴, 목소리, ( ) 자는 모습까지도 아빠를 닮았다.

① 심지어 ② 오히려 ③ 마침내 ④ 반드시

[6~8] 다음 밑줄 친 부분과 의미가 비슷한 것을 고르십시오.

6 이번 경기에서 <u>승리하면</u> 결승전에 올라갈 수 있다.

① 열리면 ② 이기면 ③ 치르면 ④ 펼치면

7 그 나라는 <u>세력</u>을 키워 더 큰 나라를 만들려고 한다.

① 힘 ② 말 ③ 무기 ④ 군인

8 옛날에는 바다에 나가기 전에 바다의 신에게 음식을 해서 <u>바쳤다</u>.

① 나눴다 ② 남겼다 ③ 드렸다 ④ 돌렸다

- [9~10] 다음 밑줄 친 부분과 의미가 반대인 것을 고르십시오.

9 그 집은 대문이 낮아서 항상 허리를 <u>굽히고</u> 들어가야 한다.

① 펴고　　② 열고　　③ 올리고　　④ 높이고

10 서점에는 인생의 어려움을 <u>지혜롭게</u> 극복하는 방법에 대한 책들이 많다.

① 여유롭게　　② 영리하게　　③ 이상하게　　④ 어리석게

- [11~13] 아래에서 알맞은 것을 골라 문장을 완성하십시오.

-아/어 오다	-(으)ㄴ/는 척하다	-자

11 가 저분을 아세요?

나 아니요, 모르는 사람인데 먼저 인사하셔서 그냥 ______________________.

12 가 힘든 일이 있어요? 표정이 안 좋아 보여요.

나 오랫동안 함께 ______________________ 동료가 갑자기 회사를 그만둬서요.

13 가 김수미 기자, 요즘 에어컨 판매량은 어떻습니까?

나 네, 날씨가 ______________________ 에어컨 판매량이 증가하고 있습니다.

체크하기 ✔

1 다음은 이 과에서 배운 어휘들입니다. 알고 있는 어휘에 ✔해 봅시다.

- ☐ 억울하다
- ☐ 도둑
- ☐ 폭행
- ☐ 살인
- ☐ 누명
- ☐ 위기
- ☐ 지혜롭다
- ☐ 신하
- ☐ 사치스럽다
- ☐ 난을 일으키다
- ☐ 장군
- ☐ 왕족
- ☐ 세력
- ☐ 관직
- ☐ 승리하다
- ☐ 잔인하다
- ☐ 세금을 걷다
- ☐ 포악해지다
- ☐ 심지어
- ☐ 줍다
- ☐ 굽히다
- ☐ 쳐들어오다
- ☐ 바치다
- ☐ 통일되다

2 다음 (   ) 안에 들어갈 표현을 알고 있는지 ✔하고 써 봅시다.

- ☐ 밥 다 (   ) 조금만 기다리세요.
- ☐ 수업 중에 몰래 과자를 먹고 (   ).
- ☐ 밤이 (   ) 날씨가 갑자기 추워졌다.
- ☐ 우리 사장님은 평생을 앞만 보고 (   ).
- ☐ 위험하다고 느낄 때 (   ) 동물들이 있다.
- ☐ 아이는 놀다가 엄마의 목소리를 듣고 (   ).
- ☐ 사람들이 모두 자리에 (   ) 회의가 시작되었다.
- ☐ 박사님은 그동안 (   ) 내용을 논문으로 발표했다.
- ☐ 아들의 합격 소식을 (   ) 어머니는 기쁨의 눈물을 흘렸다.

3 다음 표 안의 문장을 읽고 할 수 있는 정도에 따라 상·중·하에 ✔해 봅시다.

문장	상	중	하
'억울한 누명'의 내용에 대해 말할 수 있다.	상	중	하
'억울한 누명'에서 배운 어휘와 문법을 사용하여 말할 수 있다.	상	중	하
'억울한 누명'을 통해 한국 역사를 이해하는 데 도움이 되었다.	상	중	하

더 알아보기

고려?

고려를 세운 왕건은 나라를 통일한 후 다양한 정책을 실시했습니다.

왕건은 백성들의 마음을 하나로 모으기 위해 불교를 적극 장려하였습니다. 절과 탑을 짓고 불교 행사를 열어 불교문화를 발전시켰습니다. 또한 지방 세력가들의 힘을 하나로 모으기 위해 그들의 딸들과 결혼을 하고, 지방 세력가들에게 왕씨 성을 내려 주어 고려 사람이라는 소속감을 갖게 하였습니다. 왕건은 이렇게 하여 나라를 안정시켰습니다.

쉬어 가기

퀴즈? 퀴즈!

뛰어 봤자 [　　　　] 손바닥

도망쳐 봤자 피할 수 없다는 뜻입니다.

우리도 관심법을?

거짓말하는 사람들의 특징을 알면
우리도 궁예처럼 관심법을 할 수 있겠지요?
다음의 특징을 꼭 기억하세요.

거짓말하는 사람들의 특징

1. 거짓말할 때 눈동자가 흔들린다.
2. 눈을 마주치지 않으려고 한다.
3. 생각하면서 오른쪽으로 시선을 보낸다.
4. 말할 때 입술에 침을 바른다.
5. 질문을 받으면 글쎄, 음, 아 등 말하면서 생각한다.
6. 간단한 질문에도 말을 더듬는다.
7. 말할 때 얼굴에 자꾸 손이 간다.
8. 무의식적으로 다리나 손을 떤다.

쉬어 가기 답 부처님

대를 이은 열정
- 최무선 이야기

❶ '대를 잇다'라는 말은 무슨 뜻일까요?

❷ 대를 이어서 하는 일이나 가게를 본 적이 있습니까?

이야기 상상하기

● 다음 그림의 내용을 상상한 후 이야기 순서대로 문장을 만드십시오.

상상하며 듣기

1 그림을 보고 이야기의 순서를 상상해 봅시다.

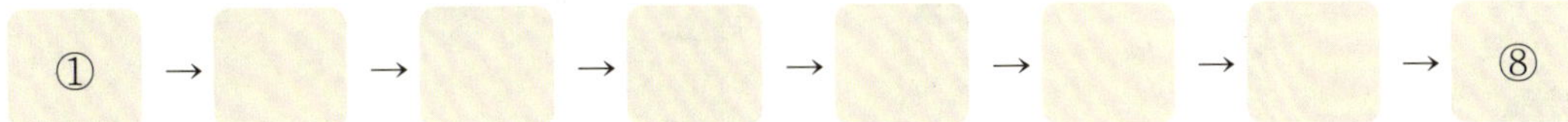

① → → → → → → → ⑧

2 그림을 보면서 녹음을 듣고 이야기 순서대로 그림의 번호를 써 보세요.

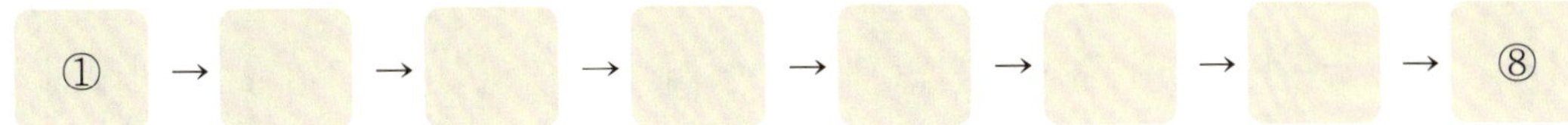

① → → → → → → → ⑧

3 위의 순서에 맞게 이야기를 다시 구성해서 말해 보세요.

어휘

일생 一生
열정 热情
침략 侵略
대응하다 对应
국제 무역항 国际贸易港
골칫거리 伤脑筋的事
덜다 减轻, 缓和
늘 经常
불꽃놀이 烟火
화약 火药
물리치다 击退, 克服
무기 武器
개발하다 开发
실험하다 实验
연구하다 研究
드디어 终于
설치하다 设置
척 假装
이끌다 率领
묶다 捆绑
고정하다 固定
훔치다 偷窃
불태우다 烧掉
당해 내다 招架

대를 이은 열정

가 029

모든 사람이 '아니요'라고 할 때 여러분은 '네'라고 말할 수 있습니까? 이것은 쉽지 않은 일입니다. 그런데 고려 시대에 모든 사람이 할 수 없다고 하는 일에 자신의 일생을 다 바친 사람이 있었습니다. 그의 열정은 아들과 손자에게까지 이어졌고, 그의 꿈은 완성될 수 있었습니다. 그럼 그들은 누구이고 그들의 꿈은 무엇인지 알아볼까요?

나 030

고려 말에는 왜구들이 자주 고려에 들어와 백성들을 괴롭혔습니다. 원의 간섭으로 왕권과 군사력이 약해진 고려는 왜구의 침략에 잘 대응하지 못했습니다. 국제 무역항인 벽란도는 왜구가 자주 침략하는 곳이었습니다. 이곳에서 일하는 최동순에게 왜구는 골칫거리였습니다. 최동순의 아들 최무선은 아버지의 걱정을 덜어 드릴 방법에 대해 늘 생각했습니다.

다 031

어느 날 최무선은 불꽃놀이를 보다가 말했습니다. "그래, 화약이라면 왜구를 물리칠 수 있을 거야." 그러나 고려에는 화약을 만드는 기술이 없었을 뿐만 아니라, 고려 사람들은 화약을 무기로 사용할 수 있다는 생각도 하지 못했습니다. 하지만 최무선은 사람들에게 화약의 중요성을 알리며, 화약을 직접 만들고 화약을 이용한 무기도 개발하여 왜구를 물리쳐야 한다고 이야기했습니다.

▲ 화약을 만드는 모습

라 032

최무선은 화약에 대해 알고 있는 중국 상인을 찾아다닌 끝에 한 상인을 만나 화약 만드는 방법을 알아냈습니다. 그리고 밤낮으로 실험하고 연구하여 드디어 화약을 만들었습니다. 최무선은 이렇게 만든 화약으로 무기를 만드는 기구를 설치해야 한다고 말했지만, 관리들은 그를 도와주기는커녕 그의 말도 믿지 않았습니다. 그러나 최무선은 포기하지 않았고, 결국 1377년 화통도감을 설치하였습니다.

마 033

1380년 가을, 왜구들이 500척의 배를 이끌고 진포 입구에 왔습니다. 왜구는 배를 서로 묶어 고정한 뒤 마을에 들어가 사람들을 죽이고 곡식을 훔친 후 마을을 모두 불태웠습니다. 최무선은 지금이야말로 자신이 만든 무기를 사용할 때라고 생각했습니다. 최무선은 100척의 배를 이끌고 진포로 가서 왜구의 배를 모두 불태웠습니다.

바 034

3년 후 왜구는 다시 고려에 왔지만 최무선의 무기를 당해 낼 수 없었습니다. 그러자 왜구는 점점 고려를 침략하지 않게 되었고, 백성들은 평화를 찾게 되었습니다. 왜구가 점점 사라지게 되자 관리들이 화통도감을 없앴고, 최무선은 더 이상 무기를 개발할 수 없었습니다. 최무선은 어린 아들에게 화약과 무기에 관한 책을 써서 남기고 70세의 나이로 세상을 떠났습니다.

사 035

최무선의 아들 최해산은 아버지가 남긴 책으로 화약과 무기를 만드는 방법을 배웠습니다. 최해산은 관직에 올라 아버지가 만든 무기를 더욱 발전시키고, 다양한 무기를 개발해 나라를 강하게 만들었습니다. 그의 아들 최공손도 할아버지와 아버지의 뜻을 이어 화약과 무기 연구에 일생을 바쳤습니다.

▲ 가정을묘천자총통

아 036

모두가 불가능하다고 생각한 일이었지만, 최무선은 자신을 믿고 일생을 바쳐 꿈을 이루고자 노력하였습니다. 그 열정은 아들과 손자에게 이어졌고, 결국 최무선의 꿈대로 백성들은 평화로운 생활을 할 수 있게 되었습니다. 3대로 이어진 이들의 열정은 이 시대를 살아가는 우리에게 큰 의미를 줍니다.

내용 이해하기

1 최무선의 아버지인 최동순의 골칫거리는 무엇이었습니까?

____

2 최무선은 백성들의 평화를 위해서 무슨 기술이 필요하다고 생각했습니까?

____

3 다음 중 최무선에 대한 설명으로 틀린 것을 고르십시오.

① 최무선은 중국 상인과 함께 화약을 만들었습니다.

② 최무선은 화약으로 무기를 만드는 화통도감을 설치하였습니다.

③ 최무선은 어린 아들에게 화약과 무기에 관한 책을 써서 남겼습니다.

④ 최무선은 불꽃놀이를 보다가 왜구를 물리칠 방법에 대해 생각했습니다.

4 이 글의 내용과 같으면 ○, 다르면 × 하십시오.

(1) 최해산은 아버지에게 직접 화약 만드는 방법을 배웠습니다. (   )

(2) 최무선은 100척의 배로 500척의 왜선을 모두 불태웠습니다. (   )

(3) 최무선의 손자 최공손도 화약과 무기 연구에 일생을 바쳤습니다. (   )

5 이 글의 내용에 맞게 빈칸에 알맞은 말을 쓰십시오.

어느 날 최무선은 (1) (   )을/를 보다가 말했습니다. "그래, (2) (   )(이)라면 왜구를 (3) (   ) 수 있을 거야." 그러나 고려에는 화약을 만드는 기술이 없었을 뿐만 아니라 고려 사람들은 화약을 (4) (   )(으)로 사용할 수 있다는 생각도 하지 못했습니다.

내용 정리하기

● 녹음을 듣고 다음의 어휘를 사용하여 문단별로 요약해 보십시오. 029~036

가 모든 사람　할 수 없다　일생을 바치다　열정　아들과 손자　이어지다

____

나 최무선의 아버지　왜구　골칫거리　최무선　걱정　덜어 드리다　방법

____

다 최무선　화약　만들다　무기　개발하다　왜구　물리치다

____

라 최무선　밤낮으로　실험하다　연구하다　화약　화통도감　설치하다

____

마 왜구　500척　이끌다　최무선　100척　왜구의 배　불태우다

____

바 최무선　어린 아들　화약과 무기　책　70세　나이　세상을 떠나다

____

사 최무선　아들과 손자　그의 뜻　잇다　화약과 무기　연구　일생을 바치다

____

아 최무선　열정　아들과 손자　이어지다　최무선의 꿈대로　평화롭게

____

문형과 표현 익히기

1 -(으)ㄹ 뿐만 아니라(뿐만 아니라)

어떤 사실만이 아니고 그에 더하여 다른 상황도 있음을 나타내는 표현

(1) 오늘은 날씨가 **좋을 뿐만 아니라** 공기도 깨끗합니다.
(2) 그는 책을 많이 **읽을 뿐만 아니라** 여러 가지 경험도 많다.
(3) 어제는 비가 많이 **왔을 뿐만 아니라** 바람도 심하게 불었다.
(4) 담배를 피우는 것은 **나뿐만 아니라** 다른 사람에게도 피해를 준다.
(5) 제 여자 친구는 동물을 좋아해서 **개뿐만 아니라** 고양이도 키워요.

2 은/는커녕

앞의 내용과 뒤의 내용을 비교하여 앞의 내용은 말할 필요도 없음을 강조하는 표현

(1) **택시는커녕** 버스 탈 돈도 없어요.
(2) 어머니께 **칭찬은커녕** 야단만 맞았어요.
(3) 엄마가 없는데도 아이는 **울기는커녕** 친구들과 신나게 놀았다.
(4) 내 친구는 내일이 시험인데 **공부하기는커녕** 게임만 하고 있다.
(5) 제 월급으로는 돈을 **모으기는커녕** 생활비로 쓰기에도 부족해요.

3 (이)야말로

강조하여 확인할 때 사용하는 표현

(1) **치킨이야말로** 맥주에 어울리는 음식이지.
(2) **제주도야말로** 한국을 대표하는 관광지입니다.
(3) **할아버지야말로** 제가 가장 존경하는 분이에요.
(4) **사랑이야말로** 결혼 생활에서 가장 중요한 것이다.
(5) **그 사람이야말로** 누구보다 인생을 성실하게 살아왔다.

더 생각해 보기

(1) 최무선이 화약을 이용한 무기를 만들자고 했을 때 관리들은 왜 도와주지 않았을까요?

(2) 왜구의 침략이 줄어들자 관리들은 화통도감을 없앴고 최무선은 더 이상 무기를 개발하지 못하게 되었습니다. 그때 최무선의 마음은 어땠을까요?

(3) 최무선의 아들과 손자는 어떤 마음으로 화약과 무기 연구에 일생을 바쳤을까요?

실력 다지기

[1~5] 다음 괄호에 알맞은 것을 고르십시오.

1 경치가 좋은 곳을 관광지로 (   ) 관광객들이 찾아오게 했다.

① 개발해서 ② 발명해서 ③ 제작해서 ④ 실험해서

2 이 영화는 외계인의 (   ) 지구가 파괴되는 과정을 보여 준다.

① 단결로 ② 침략으로 ③ 협력으로 ④ 설득으로

3 야간에도 운동 경기가 가능하도록 운동장에 조명을 (   ).

① 설립했다 ② 조직했다 ③ 건축했다 ④ 설치했다

4 나는 심심해하는 동생들을 (   ) 놀이공원에 갔다.

① 모시고 ② 따르고 ③ 이끌고 ④ 쫓아가고

5 그는 수년 동안의 노력 끝에 (   ) 공무원 시험에 합격하였다.

① 심지어 ② 오히려 ③ 도대체 ④ 드디어

[6~8] 다음 밑줄 친 부분과 의미가 비슷한 것을 고르십시오.

6 그분은 사회 사업에 <u>일생</u>을 바친 훌륭한 분이시다.

① 태생 ② 평생 ③ 일상 ④ 일부

7 우리 어머니는 <u>늘</u> 자식 걱정만 하다가 돌아가셨다.

① 가끔 ② 종종 ③ 항상 ④ 자꾸

8 음주 운전은 세계 여러 나라의 공통된 <u>골칫거리</u>이다.

① 문젯거리 ② 화젯거리 ③ 구경거리 ④ 이야깃거리

● [9~10] 다음 밑줄 친 부분과 의미가 반대인 것을 고르십시오.

9 아이는 황소를 나무에 묶어 두고 낮잠을 자기 시작했다.

① 걸어 ② 놓아 ③ 풀어 ④ 잠가

10 규칙적인 운동은 불안감을 덜어 주기 때문에 우울증에 효과적이다.

① 빼 ② 펴 ③ 떼어 ④ 더해

● [11~13] 아래에서 알맞은 것을 골라 문장을 완성하십시오.

(이)야말로	은/는커녕	-(으)ㄹ 뿐만 아니라

11 가 그 식당에 자주 가시는 것 같아요.

나 네, 식당 아주머니가 ________________ 가격도 싸거든요.

12 가 주말에 웬일이야? 남자 친구랑 데이트해야 하는 거 아니야?

나 요즘 남자 친구가 바빠서 ________________ 얼굴 보기도 힘들어.

13 가 불고기는 한국을 대표하는 음식이라고 할 수 있어.

나 무슨 소리야? ________________ 한국을 대표하는 음식이지.

체크하기 ✓

1 다음은 이 과에서 배운 어휘들입니다. 알고 있는 어휘에 ✓해 봅시다.

☐ 일생	☐ 불꽃놀이	☐ 설치하다
☐ 열정	☐ 화약	☐ 척
☐ 침략	☐ 물리치다	☐ 이끌다
☐ 대응하다	☐ 무기	☐ 묶다
☐ 국제 무역항	☐ 개발하다	☐ 고정하다
☐ 골칫거리	☐ 실험하다	☐ 훔치다
☐ 덜다	☐ 연구하다	☐ 불태우다
☐ 늘	☐ 드디어	☐ 당해 내다

2 다음 (　　) 안에 들어갈 표현을 알고 있는지 ✓하고 써 봅시다.

☐ 어머니께 (　　　　　　　　　　) 야단만 맞았어요.

☐ (　　　　　　　　　　) 맥주에 어울리는 음식이지.

☐ (　　　　　　　　　　) 한국을 대표하는 관광지입니다.

☐ (　　　　　　　　　　) 결혼 생활에서 가장 중요한 것이다.

☐ 그는 책을 많이 (　　　　　　　　　　) 여러 가지 경험도 많다.

☐ 어제는 비가 많이 (　　　　　　　　　　) 바람도 심하게 불었다.

☐ 내 동생은 내일이 시험인데 (　　　　　　　　　　) 게임만 하고 있다.

☐ 제 월급으로는 돈을 (　　　　　　　　　　) 생활비로 쓰기에도 부족해요.

☐ 담배를 피우는 것은 (　　　　　　　　　　) 다른 사람에게도 피해를 준다.

3 다음 표 안의 문장을 읽고 할 수 있는 정도에 따라 상·중·하에 ✓해 봅시다.

'대를 이은 열정'의 내용에 대해 말할 수 있다.	상	중	하
'대를 이은 열정'에서 배운 어휘와 문법을 사용하여 말할 수 있다.	상	중	하
'대를 이은 열정'을 통해 한국 역사를 이해하는 데 도움이 되었다.	상	중	하

더 알아보기

고려와 Korea

한국을 영어로 표기하면 'Korea(코리아)'입니다. '코리아'라는 명칭은 언제부터 사용했을까요?

고려는 무역이 발달한 나라입니다. 벽란도는 고려의 대표적인 국제 무역항이었습니다. 벽란도에는 중국과 일본 상인을 비롯하여 멀리 아라비아 상인들까지도 무역을 하러 왔다고 합니다. 이때 아라비아 상인들은 고려를 발음할 때 'Coree(꼬레)'라고 했고 이 발음이 다른 나라에도 전해지면서 'Korea(코리아)'가 되었습니다.

수출품

고려청자 / 나전칠기 / 인삼

수입품

비단 / 약재 / 책

이 시기에 벽란도에서 수출했던 물건으로는 고려청자, 나전칠기, 인삼, 종이가 대표적이고 수입했던 물건으로는 비단, 약재, 책, 향료 등이 있습니다.

쉬어 가기

퀴즈? 퀴즈!

________을/를 지고 불로 들어간다.

자기 스스로 위험한 곳으로 찾아
들어간다는 것을 나타낼 때 사용합니다.

열정 테스트

다음을 읽고 나에게 알맞은 답을 고르고, 각 답에 해당하는 점수를 더하십시오.

내가 하는 일에 대한 나의 열정은?	아니다	보통이다	그렇다
	0점	1점	2점
1. 일할 때 힘이 넘친다.			
2. 내가 하는 일에서 에너지를 얻는다.			
3. 내 일에 자부심을 느낀다.			
4. 열심히 일할 때 행복하다.			
5. 쉬지 않고 오래 일할 수 있다.			
6. 아침에 일어나면 일하러 가고 싶다.			
7. 일하다 보면 시간 가는 것을 모른다.			
8. 일하는 중에는 다른 생각이 나지 않는다.			
9. 일이 뜻대로 되지 않아도 일단 끝까지 한다.			
10. 일을 하고 있지 않아도 일과 관계된 생각을 한다.			

0-5 점 맞지 않는 일을 하고 있군요. 다른 일을 찾아 보면 어떨까요?

6-11 점 자신이 좋아하는 일을 찾으셨군요.

12-17 점 열정적인 당신, 이대로 쭉 가면 성공하겠군요!

18-20 점 당신은 일 중독입니다. 때로는 휴식도 필요합니다.

쉬어 가기 답 화약

4장
조선 시대

제5과 백성을 사랑한 왕 - 세종 대왕 이야기

제6과 홀연히 사라진 천재 과학자 - 장영실 이야기

제7과 나라를 구한 영웅 - 이순신 이야기

제8과 뒤틀린 나무 - 사도 세자 이야기

제9과 나눔을 실천한 삶 - 김만덕 이야기

제10과 시대를 뛰어넘은 사상가 - 정약용 이야기

제5과 백성을 사랑한 왕

– 세종 대왕 이야기

1. 여러분 나라 사람들이 존경하거나 사랑하는 왕이 있습니까?
2. 그 사람이 지금까지 존경과 사랑을 받는 이유는 무엇입니까?

이야기 상상하기

● 다음 그림의 내용을 상상한 후 이야기 순서대로 문장을 만드십시오.

상상하며 듣기

1 그림을 보고 이야기의 순서를 상상해 봅시다.

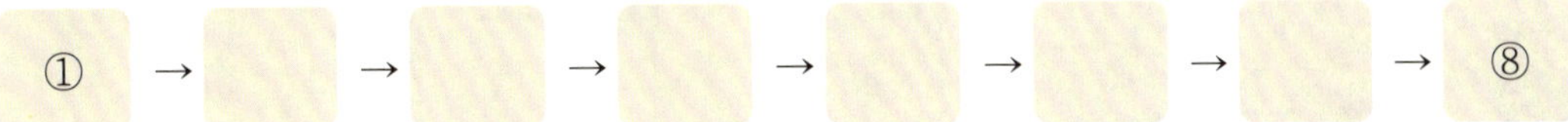

① → → → → → → → ⑧

2 그림을 보면서 녹음을 듣고 이야기 순서대로 그림의 번호를 써 보세요.

037

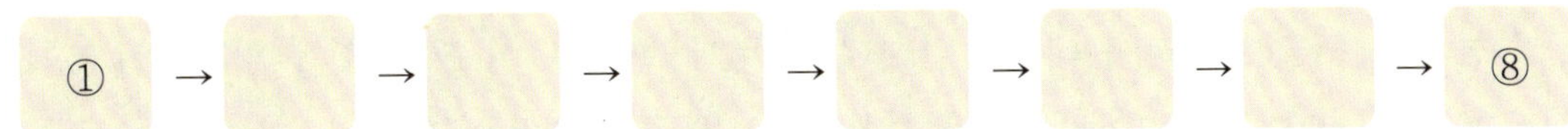

① → → → → → → → ⑧

3 위의 순서에 맞게 이야기를 다시 구성해서 말해 보세요.

어휘

걸치다 经过, 历经
유일하다 唯一
치우다 搬走, 拿开
병풍 屏风
몰래 偷偷地
천백번 无数次
어질다 仁慈, 善良
총명하다 聪明
지원하다 支援
제도 制度
이웃 邻居
귀화하다 归化
정책 政策
노비 奴婢
감옥 监狱
신분 身份
안타깝다 惋惜, 怜惜
여기다 认为
유교 儒教
표현하다 表现
바르다 正, 端正
달다 附加
고아 孤儿
가리다 区分, 分别

백성을 사랑한 왕

가 038

세상에는 6천여 종류의 언어가 있고, 200여 개의 문자가 있다고 합니다. 이 문자들은 긴 시간에 걸쳐 사람들의 필요에 의해 만들어졌기 때문에 누가, 언제, 어디에서, 어떻게 만들었는지 알 수 없는 것이 대부분입니다. 그런데 한글은 이 모든 것을 알 수 있고 대중적으로 사용되고 있는 유일한 문자입니다. 그럼, 한글이 만들어지게 된 과정과 한글을 만든 세종 대왕에 대해 알아봅시다.

나 039

세종은 태종 이방원의 셋째 아들로 어릴 때부터 책 읽기를 무척 좋아했습니다. 세종은 같은 책을 백번씩 읽곤 했고 몸이 아플 때도 책을 손에서 놓지 않았습니다. 세종의 건강을 걱정한 태종은 신하를 시켜서 책을 모두 치우게 한 적이 있었는데 이때도 세종은 병풍 뒤에 남겨진 책 한 권을 찾아내어 아버지 몰래 천백번이나 읽었다고 합니다.

다 040

세종은 첫째 아들이 아니기 때문에 왕이 될 수 없었지만, 어질고 총명해서 왕과 신하들은 모두 세종이 왕이 되기를 바랐습니다. 세종은 왕이 된 후 인재들을 모아 그들이 연구하는 것을 지원했습니다. 또한 여러 제도를 새롭게 고쳐 백성들이 살기 좋게 하자 이웃 나라의 많은 사람들이 이를 부러워하여 조선으로 귀화하기도 하였습니다.

▲ 세종 대왕

라 041

세종이 백성을 위해 만든 정책에는 여러 가지가 있습니다. 임신한 노비와 그 남편에게 휴가를 주었고, 부모가 없는 아이들을 나라에서 돌보았으며, 감옥의 죄수들도 춥거나 더워서 병들지 않게 하였습니다. 70세 이상의 노인은 신분에 관계없이 잔치를 열어 축하하고 쌀과 옷을 주었으며, 자식이 없는 노인은 나라에서 돌보았습니다.

마 042

세종은 진주에 사는 백성이 자신의 아버지를 죽였다는 말을 듣고 백성들에게 '효'를 가르치기 위해 책을 만들었습니다. 그러나 글을 모르는 백성들이 그 내용을 알지 못하자 이를 안타깝게 여겨 유교에 대한 내용을 그림으로 그려 백성들이 알게 하였습니다.

바 043

세종은 우리말과 중국말이 달라 백성들이 중국 글자로 우리말을 표현하는 데 어려움이 있는 것을 불쌍히 여겼습니다. 그래서 글을 알지 못하는 백성들을 위해 쉽게 배우고 쉽게 쓸 수 있는 28개의 글자를 만들었습니다. 이 글자가 바로 백성을 가르치는 바른 소리라는 뜻의 '훈민정음'입니다. 이 28개의 글자는 우리말의 모든 소리를 글로 적을 수 있었습니다.

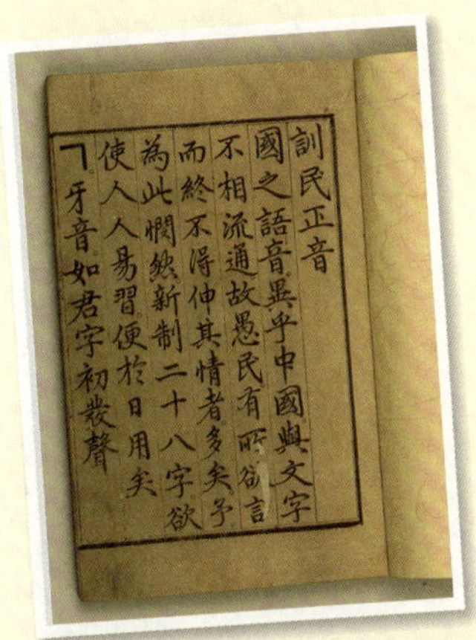
訓民正音
國之語音異乎中國與文字
不相流通故愚民有所欲言
而終不得伸其情者多矣予
爲此憫然新制二十八字欲
使人人易習便於日用矣
ㄱ牙音如君字初發聲

▲ 훈민정음

사 044

세종은 백성들에게 훈민정음을 알리고자 했지만, 신하들은 세종이 만든 훈민정음이 국가에 도움이 되지 않는다고 하며 반대하였습니다. 세종은 백성을 생각하지 않는 신하들을 크게 꾸짖었습니다. 그리고 훈민정음을 모두가 이해할 수 있도록 설명을 달아 백성들에게 알렸습니다. 그 후 글자를 알고자 하는 사람은 나이와 성별, 신분에 관계없이 누구든 훈민정음을 배워서 글을 쓸 수 있게 되었습니다.

아 045

세종은 32년 동안 왕으로 있으면서 백성만을 생각했습니다. 그는 신분이 낮은 사람에게도 능력이 있다면 기회를 주었고, 고아, 노인, 죄인 등 모든 사람을 가리지 않고 돌봐 주었습니다. 한글 또한 백성에 대한 세종의 사랑이 있었기 때문에 만들어질 수 있었습니다. 오늘날 한국인들의 생활이 편리해진 것은 세종 덕분이라고 볼 수 있습니다. 그래서 사람들은 세종을 최고의 왕이라는 뜻으로 세종 대왕이라 부릅니다.

내용 이해하기

1 셋째 아들인 세종이 왕이 될 수 있었던 이유는 무엇입니까?

____

2 '훈민정음'의 뜻은 무엇입니까?

____

3 다음 중 세종 대왕에 대한 설명으로 틀린 것을 고르십시오.

① 세종 대왕은 백성들에게 직접 효를 가르쳤습니다.

② 세종 대왕은 백성을 위해 훈민정음을 만들었습니다.

③ 세종 대왕은 어릴 때부터 책 읽기를 무척 좋아했습니다.

④ 세종 대왕은 백성을 위해 여러 가지 정책을 만들었습니다.

4 이 글의 내용과 같으면 ○, 다르면 × 하십시오.

(1) 신하들은 훈민정음이 국가에 큰 도움을 줄 거라고 생각했습니다. (   )

(2) 세종 대왕은 고아, 노인, 죄수 등 모든 사람을 가리지 않고 돌봤습니다. (   )

(3) 우리말과 중국말이 달라 백성들은 자신의 생각을 글로 표현하기 어려웠습니다. (   )

5 이 글의 내용에 맞게 빈칸에 알맞은 말을 쓰십시오.

세종은 왕이 된 후 인재들을 모아 그들이 연구하는 것을 (1) (   ).
또한 여러 (2) (   )을/를 새롭게 고쳐 백성들이 살기 좋게 하자
(3) (   ) 나라의 많은 사람들이 이를 부러워하여 조선으로
(4) (   ) 하였습니다.

내용 정리하기

● 녹음을 듣고 다음의 어휘를 사용하여 문단별로 요약해 보십시오. 038~045

가 한글 누가 언제 어디에서 어떻게 대중적 유일하다 문자

____

나 세종 태종 이방원 셋째 아들 어릴 때 책 읽기 무척 좋아하다

____

다 세종 어질다 총명하다 왕과 신하들 왕이 되기 바라다

____

라 세종 노비 고아 죄수 노인 백성 정책

____

마 세종 글을 모르다 백성들 안타깝게 여기다 유교 그림 알다

____

바 세종 백성들 쉽게 배우다 쉽게 쓰다 28개 글자 만들다

____

사 세종 반대하다 신하들 꾸짖다 훈민정음 설명을 달다 알리다

____

아 사람들 세종 최고의 왕 뜻 세종 대왕 부르다

____

문형과 표현 익히기

1 에 의해(서)

뒤의 상황이 진행되게 만드는 근거로 수단, 방법, 상황, 기준 등을 나타내는 표현

(1) 집값은 주위 **환경에 의해** 달라진다.
(2) 학생 회장은 학생들의 **투표에 의해** 선출된다.
(3) 성공과 실패는 그 사람의 **노력에 의해서** 결정된다.
(4) 술 취한 사람들의 싸움은 출동한 **경찰에 의해** 끝이 났다.
(5) 그 마을의 전통은 마을 **사람들에 의해** 계승되고 발전되어 왔다.

2 -곤 하다

동일한 상황이 여러 번 반복됨을 나타내는 표현

(1) 비 오는 날이면 그 사람이 **생각나곤 한다**.
(2) 휴일이나 주말에는 남편이 요리를 **하곤 합니다**.
(3) 작년 겨울에는 유난히 눈이 많이 **내리곤 했습니다**.
(4) 회사 일이 끝나면 동료들과 함께 식사를 하거나 술을 **마시곤 한다**.
(5) 저는 어렸을 때 여름마다 가족과 함께 바닷가로 놀러 **가곤 했어요**.

3 -는 데(에)

뒤에 오는 내용과 상관되는 일이나 상황을 미리 말할 때 사용하는 표현

(1) 그 책을 다 **읽는 데** 일주일이 걸렸다.
(2) 잡채를 **만드는 데에** 필요한 것은 무엇입니까?
(3) 그 사람은 돈을 **버는 데** 삶의 목적이 있는 것 같다.
(4) 아침 운동은 건강하게 **생활하는 데에** 도움이 됩니다.
(5) 아이가 **공부하는 데** 방해되지 않게 텔레비전 소리를 줄였다.

더 생각해 보기

(1) 세종 대왕은 글자를 모르는 백성들을 보고 불쌍히 여겼다고 합니다. 어떤 점에서 불쌍하다고 생각했을까요?

(2) 세종 대왕이 백성들에게 훈민정음을 알리고자 했을 때 신하들은 반대하였습니다. 신하들이 반대한 이유는 무엇일까요?

(3) 여러분 나라의 말이나 글은 언제 어떻게 형성되었는지 알고 있습니까?

실력 다지기

● **[1~5] 다음 괄호에 알맞은 것을 고르십시오.**

1 전쟁 중에는 많은 아이들이 부모를 잃고 (　　　)가 되기도 한다.

① 고아　② 아기　③ 어린이　④ 어버이

2 오랫동안 준비했는데 이번 경기에서 우승을 놓친 것은 정말 (　　　).

① 소중하다　② 안타깝다　③ 중요하다　④ 우울하다

3 요즘은 (　　　) 외국인 선수들을 국가 대표로 뽑는 경우가 많아졌다.

① 귀가한　② 귀향한　③ 귀국한　④ 귀화한

4 예의가 (　　　) 사람들은 사람들이 없는 곳에서도 예의를 지킨다.

① 곧은　② 없는　③ 바른　④ 굽은

5 위험한 물건은 아이 손이 닿지 않는 곳으로 (　　　) 놓으세요.

① 쓸어　② 비워　③ 없애　④ 치워

● **[6~8] 다음 밑줄 친 부분과 의미가 비슷한 것을 고르십시오.**

6 저를 배신한 그 사람을 이제는 친구라고 <u>여기지</u> 않을 거예요.

① 알리지　② 말하지　③ 생각하지　④ 소개하지

7 언니는 교제를 반대하시는 부모님 <u>몰래</u> 남자 친구를 만나러 나갔다.

① 모르게　② 마음껏　③ 멀리　④ 마음대로

8 한 대기업이 연구비가 없는 그 연구 단체를 10년간 <u>지원하기로</u> 약속했다.

① 막기로　② 돕기로　③ 구하기로　④ 방해하기로

[9~10] 다음 밑줄 친 부분과 의미가 반대인 것을 고르십시오.

9 그 학생은 하나를 가르치면 열을 알 정도로 총명하다.

① 똑똑하다　　② 영리하다　　③ 지혜롭다　　④ 어리석다

10 국경일에는 집 앞 대문에 태극기를 달아 놓는다.

① 뜯어　　② 넣어　　③ 떼어　　④ 붙여

[11~13] 아래에서 알맞은 것을 골라 문장을 완성하십시오.

-는 데(에)	-곤 하다	에 의해(서)

11 가 영화를 좋아하시나 봐요.

나 네, 시간 날 때마다 영화관에 ____________________.

12 가 갈비를 만들려고 하는데 또 뭐가 필요할까요?

나 키위도 사세요. 고기를 부드럽게 ____________________ 꼭 필요해요.

13 가 한국은 지도자를 어떻게 뽑아요?

나 한국 대통령은 국민의 ____________________ 선출돼요.

체크하기 ✔

1 다음은 이 과에서 배운 어휘들입니다. 알고 있는 어휘에 ✔해 봅시다.

□ 걸치다	□ 지원하다	□ 안타깝다
□ 유일하다	□ 제도	□ 여기다
□ 치우다	□ 이웃	□ 유교
□ 병풍	□ 귀화하다	□ 표현하다
□ 몰래	□ 정책	□ 바르다
□ 천백번	□ 노비	□ 달다
□ 어질다	□ 감옥	□ 고아
□ 총명하다	□ 신분	□ 가리다

2 다음 ( ) 안에 들어갈 표현을 알고 있는지 ✔하고 써 봅시다.

- □ 집값은 ( ) 달라진다.
- □ 그 책을 다 ( ) 일주일이 걸렸다.
- □ 학생 회장은 학생들의 ( ) 선출된다.
- □ 작년 겨울에는 유난히 눈이 많이 ( ).
- □ 성공과 실패는 그 사람의 ( ) 결정된다.
- □ 아침 운동은 건강하게 ( ) 도움이 됩니다.
- □ 그 사람은 돈을 ( ) 삶의 목적이 있는 것 같다.
- □ 회사 일이 끝나면 동료들과 함께 식사를 하거나 술을 ( ).
- □ 저는 어렸을 때 여름마다 가족과 함께 바닷가로 놀러 ( ).

3 다음 표 안의 문장을 읽고 할 수 있는 정도에 따라 상·중·하에 ✔해 봅시다.

'백성을 사랑한 왕'의 내용에 대해 말할 수 있다.	상 중 하
'백성을 사랑한 왕'에서 배운 어휘와 문법을 사용하여 말할 수 있다.	상 중 하
'백성을 사랑한 왕'을 통해 한국 역사를 이해하는 데 도움이 되었다.	상 중 하

더 알아보기

훈민정음의 특징

1. 창제 동기

문자를 안다는 것은 지식을 가지고 있다는 것이고, 지식이 있다는 것은 지배받는 사람이 아닌 지배하는 사람이 될 수 있다는 것을 의미했습니다. 즉 문자는 권력과도 같았지요. 그런데 세종 대왕은 어리석은 백성들에게 문자를 알게 했습니다. 백성을 단순히 지배받는 사람으로만 보지 않았기 때문입니다. 이를 통해 세종 대왕의 애민 정신을 알 수 있습니다.

2. 창제된 문자

많은 문자들은 그림이나 기호에서 시작했습니다. 그리고 그 문자를 빌려서 사용하거나 고쳐서 사용했습니다. 그러나 한글은 한국어를 표기하기 위해 새롭게 창제된 문자입니다.

3. 제자 원리

① 상형 : 발음 기관과 천지인의 모습을 기본 글자로 나타냈습니다.
② 가획 : 기본 글자에 획을 추가하여 만들었습니다.
③ 조합 : 초성을 종성으로 다시 사용하고 초성, 중성, 종성을 조합할 수 있게 했습니다.

28자 중 사라진 4글자는?

ㆆ	여린히읗	한국 고유어에 쓰이지 않고 중국 한자의 발음을 나타내기 위한 글자입니다.
ㅿ	반치음	ㅅ과 ㅇ의 중간 발음으로 지금은 ㅅ이나 ㅇ으로 바뀌었습니다. 지역 방언에서 '여우 → 여수, (병이) 나아 → 나사'로 발음됩니다.
ㆁ	옛이응	초성의 ㅇ(이응)과 받침 ㅇ(이응)은 다른 소리입니다. 옛이응은 받침 ㅇ(이응)의 소리를 나타냈는데 지금은 ㅇ(이응)으로 하나로 통합하여 사용합니다.
ㆍ	아래아	발음은 'ㅗ + ㅏ'와 비슷합니다. 표준어에서는 이 발음이 사라졌고 지역 방언에 남아 있습니다.

쉬어 가기

퀴즈? 퀴즈!

낫 놓고 [   ] 자도 모른다.

아주 무식하다는 것을 나타낼 때 사용합니다.

초성 게임

게임 방법

① 반 친구들 이름의 초성을 씁니다.
(예: 제임스 -> ㅈㅇㅅ)

② 초성을 보고 누구의 이름인지 더 빨리 말하는 사람이 이깁니다.

쉬어 가기 답 기역

홀연히 사라진 천재 과학자

– 장영실 이야기

1. 여러분이 알고 있는 사람 중에 차별이나 한계를 뛰어넘은 사람이 있습니까? 누구입니까?
2. 현대 사회에도 차별이 있습니까? 어떤 차별이 있습니까?

▲ 마틴 루터 킹

▲ 링컨

- 다음 그림의 내용을 상상한 후 이야기 순서대로 문장을 만드십시오.

상상하며 듣기

1 그림을 보고 이야기의 순서를 상상해 봅시다.

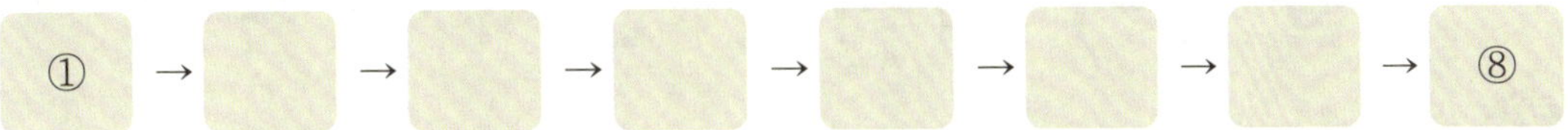

2 그림을 보면서 녹음을 듣고 이야기 순서대로 그림의 번호를 써 보세요.

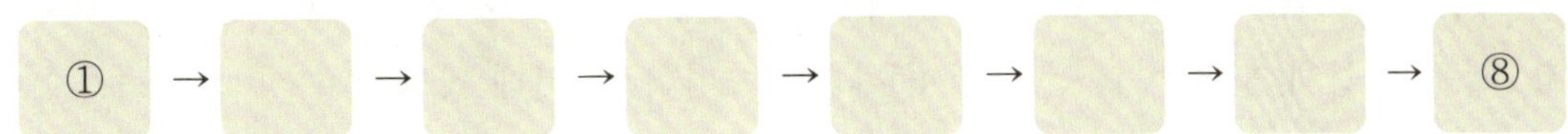

3 위의 순서에 맞게 이야기를 다시 구성해서 말해 보세요.

어휘

물려받다 继承, 承袭
좌우하다 左右
벗어나다 脱离
뛰어넘다 超越
기록 记录
조상 祖先
관청 官厅
기생 妓女
가뭄 旱灾
끌다 拉, 吸引
논밭 农田
시설 设施
천문학 天文学
기기 机器
익히다 熟悉, 熟知
제작 制作
수동 手动
아라비아 阿拉伯
자동 自动
가마 轿子
곤장 棍杖(刑具的一种)
홀연히 忽然
농업 农业
한계 限制

홀연히 사라진 천재 과학자

가 047

조선은 신분제 사회였습니다. 신분은 사람이 태어나면서 부모로부터 물려받는 것으로, 그 사람의 일생을 좌우했습니다. 신분에 따라 할 수 있는 일과 할 수 없는 일이 정해져 있었고, 신분은 쉽게 벗어날 수 있는 것이 아니었습니다. 그런데 장영실은 자신의 능력으로 이러한 신분 제도를 뛰어넘었습니다.

나 048

장영실은 조선 태종 때 사람으로 오늘날의 부산 지역인 동래현에서 일하는 노비였습니다. 조선에서 노비는 가장 낮은 신분이었기 때문에 장영실에 대한 기록은 많지 않습니다. 몇몇 기록에 의하면 장영실의 조상은 원나라 사람이라고도 하고, 송나라 장군이라고도 하며, 어머니는 관청에서 일하는 기생이었다고도 합니다.

다 049

장영실이 동래현 노비로 있을 때였습니다. 조선에 전국적으로 가뭄이 심해서 많은 백성들이 고통을 당하고 있었습니다. 그런데 동래현은 가뭄의 피해가 없었습니다. 그 이유는 장영실이 멀리 있는 곳의 물을 끌어다가 논밭에 줄 수 있는 시설을 만들었기 때문입니다. 이 일을 알게 된 태종은 장영실을 아끼고 보호하게 되었습니다.

▲ 장영실 동상

라 050

태종에 이어 왕이 된 세종은 중국의 천문학이 조선에 맞지 않아 조선의 천문 현상을 정확히 알 수 없는 것을 안타깝게 여겼습니다. 세종은 물건을 만드는 기술이 뛰어난 장영실을 천문 과학자들과 함께 중국으로 보내 중국에 있는 천문 기기의 모양을 익혀 오라고 했습니다.

마 051

세종은 중국에 다녀온 장영실에게 천문 기기의 제작을 맡기고 노비 신분을 벗어나게 해 주려고 했습니다. 장영실은 신하들이 반대하여 신분을 벗어나지 못했지만 이에 실망하지 않고 천문 기기를 제작하였습니다. 결국 그 공을 인정받아 노비 신분을 벗어날 수 있었습니다. 그 후 장영실이 수동 물시계를 개선하여 자신의 실력을 증명하자 세종은 장영실에게 새로 관직을 주었습니다.

바 052

세종은 장영실에게 스스로 시간을 알리는 시계를 만들라고 명령하였습니다. 장영실은 중국과 아라비아의 물시계를 비교하고 연구하여 조선만의 자동 물시계를 만들었습니다. 그 후로도 계절과 시간의 변화를 알 수 있는 혼천의를 비롯하여, 해시계, 측우기 등 과학적인 기계와 금속 활자를 만들어 대호군이라는 높은 관직에 올랐습니다.

▲ 측우기

사 053

1442년, 장영실은 왕이 타는 가마에 문제가 있는 것을 발견하고는 같은 관직에 있던 조순생에게 이 사실을 알렸습니다. 장영실은 아무 문제가 없을 것이라는 조순생의 말을 듣고 가마를 고치지 않았습니다. 그런데 그 가마가 부서지는 바람에 장영실은 곤장을 맞고 관직을 빼앗겼습니다. 그리고 역사의 기록에서 홀연히 사라졌습니다.

아 054

장영실의 기록이 많지 않아 그의 마지막은 알 수 없습니다. 하지만 그가 남긴 많은 것들은 조선의 농업과 과학의 발전에 큰 도움을 주었습니다. 장영실은 노비 신분이었지만 왕에게까지 자신의 능력을 인정받고 신분의 한계를 뛰어넘었습니다. 오늘날 신분이라는 한계는 없어졌습니다. 그러나 우리들은 스스로 한계를 만들고 그 한계를 벗어나지 못할 때가 있습니다. 그럴 때마다 장영실의 일생을 생각해 보는 것은 어떨까요?

내용 이해하기

1 장영실의 기록이 많지 않은 이유는 무엇입니까?

---

2 전국이 가뭄으로 고통을 당할 때 동래현만 가뭄의 피해가 없었던 이유는 무엇입니까?

---

3 다음 중 장영실 대한 설명으로 틀린 것을 고르십시오.

① 장영실은 동래현에서 일하는 노비였다.

② 장영실은 천문 기기를 제작한 공을 인정받았다.

③ 장영실은 조선만의 독자적인 자동 물시계를 만들었다.

④ 장영실은 왕의 가마가 부서졌기 때문에 곤장을 맞고 죽었다.

4 이 글의 내용과 같으면 ○, 다르면 × 하십시오.

(1) 세종은 장영실에게 대호군이라는 높은 관직을 주었다. (　　)

(2) 신하들은 장영실이 노비 신분을 벗어나는 것을 반대했다. (　　)

(3) 태종은 장영실을 중국에 보내 천문 기기의 모양을 익혀 오게 했다. (　　)

5 이 글의 내용에 맞게 빈칸에 알맞은 말을 쓰십시오.

신분은 부모로부터 (1) (　　　　) 것으로 그 사람의 일생을 (2) (　　　　). 신분은 쉽게 (3) (　　　　) 수 있는 것이 아니었습니다. 그런데 장영실은 자신의 능력으로 이러한 신분 제도를 (4) (　　　　).

내용 정리하기

● 녹음을 듣고 다음의 어휘를 사용하여 문단별로 요약해 보십시오. 047~054

가
신분 부모 물려받다 좌우하다 벗어나다 장영실 뛰어넘다

____

나
장영실 동래현 노비 낮은 신분 장영실 기록 많지 않다

____

다
가뭄 고통을 당하다 장영실 멀리 끌어다가 논밭 시설

____

라
세종 장영실 중국 보내다 천문 기기 모양 익히다

____

마
장영실 천문 기기 공 노비 신분 수동 물시계 개선하다 관직

____

바
세종 스스로 시계 중국과 아라비아 비교 연구 자동

____

사
장영실 가마 문제 조순생의 말 부서지다 빼앗기다 역사의 기록 홀연히

____

아
장영실 농업과 과학 도움 노비 신분 자신의 능력 한계 뛰어넘다

____

문형과 표현 익히기

1 -아/어다가

앞 문장의 결과물을 가지고 뒤 문장의 행위를 할 때 사용하는 표현

(1) 꽃을 **사다가** 꽃병에 꽂았어요.
(2) 세탁소에 맡긴 옷을 **찾아다가** 입으세요.
(3) 김밥을 **만들어다가** 공원에 가서 먹었어요.
(4) 도서관에서 책을 **빌려다가** 집에 와서 읽었다.
(5) 저녁에 고기를 **사다가** 불고기를 만들어 먹었어요.

2 을/를 비롯하여

여러 가지를 나열할 때 사용하는 표현

(1) **부모님을 비롯하여** 형제들에게 줄 선물을 샀다.
(2) 유키 씨는 **영어를 비롯하여** 한국어, 중국어, 스페인어도 할 수 있다.
(3) 대표적인 한국 음식에는 **김치를 비롯하여** 불고기, 비빔밥 등이 있다.
(4) 마크 씨는 **축구를 비롯하여** 야구, 농구, 테니스 등 못하는 운동이 없다.
(5) **서울을 비롯하여** 경주, 공주, 부여 등은 한국 역사를 살펴볼 수 있는 도시입니다.

3 -는 바람에

의도하지 않은 일로 안 좋은 결과가 발생하였을 때 사용하는 표현

(1) 얇은 옷을 **입는 바람에** 감기에 걸렸다.
(2) 갑자기 비가 **오는 바람에** 온몸이 젖었다.
(3) 정전이 **되는 바람에** 과제를 완성하지 못했다.
(4) 일정이 **변경되는 바람에** 약속을 취소해야 했다.
(5) 출근길에 앞에서 교통사고가 **나는 바람에** 지각을 했다.

더 생각해 보기

(1) 신하들은 장영실이 노비 신분을 벗어나는 것을 왜 반대했을까요?

(2) 가마가 부서지는 사건은 장영실이 한 일에 비교하면 작은 일이라고 볼 수 있습니다. 그런데 세종 대왕은 왜 그토록 아끼던 장영실을 곤장으로 때리고 관직까지 빼앗았을까요?

(3) 곤장을 맞고 관직을 빼앗긴 장영실은 어떻게 되었을까요?

실력 다지기

[1~5] 다음 괄호에 알맞은 것을 고르십시오.

1 건강은 삶의 질을 (　　). 건강해야 행복하게 살 수 있다.

① 좌우한다　② 마주한다　③ 불러온다　④ 부탁한다

2 역사의 (　　)을/를 보면 과거에 무슨 일이 있었는지 알 수 있다.

① 일기　② 기록　③ 사실　④ 메모

3 시끄러우니까 걸을 때 신발을 (　　) 마세요.

① 들지　② 밀지　③ 끌지　④ 붙이지

4 프랑스에 유학을 가서 빵 만드는 기술을 (　　) 왔다.

① 익혀　② 들어　③ 주워　④ 물어

5 그 사람은 간다는 말도 없이 (　　) 떠나버렸다.

① 천천히　② 무사히　③ 여전히　④ 홀연히

[6~8] 다음 밑줄 친 부분과 의미가 비슷한 것을 고르십시오.

6 그 사람은 부모님으로부터 많은 재산을 <u>물려받았다</u>.

① 전달받았다　② 강요받았다　③ 오해받았다　④ 상속받았다

7 시험이 끝났으니 이제야 시험이라는 고통에서 <u>벗어난</u> 것이다.

① 넘어가는　② 빠져나온　③ 날아오른　④ 들어서는

8 그 영화에서 보여 주는 미래의 모습은 우리의 상상을 <u>뛰어넘는다</u>.

① 보여 준다　② 깨뜨린다　③ 초월한다　④ 유지한다

[9~10] 다음 밑줄 친 부분과 의미가 반대인 것을 고르십시오.

9 한국에서는 돌아가신 조상을 위해 제사를 지내는 풍습이 있다.

① 손자 ② 후손 ③ 아이 ④ 자식

10 가뭄이 심해져서 농산물 수확량이 줄었고 농산물의 값도 폭등하고 있다.

① 장마 ② 폭설 ③ 우박 ④ 이상 기온

[11~13] 아래에서 알맞은 것을 골라 문장을 완성하십시오.

-아/어다가	을/를 비롯하여	-는 바람에

11 가 사모님께서는 못하는 요리가 없으시네요.

나 네, ________________ 일본, 중국, 프랑스, 이탈리아 요리도 할 줄 알아요.

12 가 이번에도 행사가 취소될 것 같아요.

나 네, 작년에도 태풍이 ________________ 행사가 취소됐었잖아요.

13 가 벽에 아무것도 없으니까 너무 허전하네요.

나 음, 그림이라도 ________________ 걸어야겠어요.

체크하기 ✓

1 다음은 이 과에서 배운 어휘들입니다. 알고 있는 어휘에 ✓해 봅시다.

□ 물려받다	□ 가뭄	□ 수동
□ 좌우하다	□ 끌다	□ 아라비아
□ 벗어나다	□ 논밭	□ 자동
□ 뛰어넘다	□ 시설	□ 가마
□ 기록	□ 천문학	□ 곤장
□ 조상	□ 기기	□ 홀연히
□ 관청	□ 익히다	□ 농업
□ 기생	□ 제작	□ 한계

2 다음 (　　) 안에 들어갈 표현을 알고 있는지 ✓하고 써 봅시다.

□ 갑자기 비가 (　　　　　　　　) 온몸이 젖었다.
□ 김밥을 (　　　　　　　　) 공원에 가서 먹었어요.
□ 일정이 (　　　　　　　　) 약속을 취소해야 했다.
□ 도서관에서 책을 (　　　　　　　　) 집에 와서 읽었다.
□ 부모님(　　　　　　　　) 형제들에게도 줄 선물을 샀다.
□ 저녁에 고기를 (　　　　　　　　) 불고기를 만들어 먹었어요.
□ 출근길에 앞에서 교통사고가 (　　　　　　　　) 지각을 했다.
□ 대표적인 한국 음식에는 김치(　　　　　　　　) 불고기, 비빔밥 등이 있다.
□ 마크 씨는 축구(　　　　　　　　) 야구, 농구, 테니스 등 못하는 운동이 없다.

3 다음 표 안의 문장을 읽고 할 수 있는 정도에 따라 상·중·하에 ✓해 봅시다.

'홀연히 사라진 천재 과학자'의 내용에 대해 말할 수 있다.	상	중	하
'홀연히 사라진 천재 과학자'에서 배운 어휘와 문법을 사용하여 말할 수 있다.	상	중	하
'홀연히 사라진 천재 과학자'를 통해 한국 역사를 이해하는 데 도움이 되었다.	상	중	하

더 알아보기

장영실의 발명품

▲ 갑인자

고려 시대에는 이미 뛰어난 금속 활자 기술이 있었습니다. 『직지심체요절』은 고려의 금속 활자로 만든 책이고 독일 구텐베르크의 활자 기술보다 이미 70년 앞서 있었습니다. 그러나 그 기술이 한동안 정체되어 세종이 장영실에게 더 나은 금속 활자를 만들도록 했습니다. 그것이 바로 장영실이 만든 금속 활자 '갑인자'입니다.

▲ 자격루

자격루는 일정 시간 동안 물이 모이면 작은 인형이 종을 쳐서 시간을 알려 주는 물시계입니다. 스스로 종을 친다는 의미로 그 이름을 '자격루'라고 하였습니다. 전쟁으로 일부만 남았는데 이것을 다시 복원하여 지금의 모습이 되었습니다.

▲ 앙부일구

앙부일구는 백성들에게 널리 보급됐던 해시계입니다. 해가 떴을 때 나타나는 그림자를 이용해서 시간을 알 수 있게 했습니다. 글을 모르는 백성들을 위해 시간을 나타내는 열두 동물의 그림이 그려져 있습니다.

▲ 측우기

측우기는 비가 오는 양을 재는 기구입니다. 국가에서 쓰이는 표준화된 기구로는 세계 최초입니다. 측우기는 바닥에 떨어진 빗물이 튀어 들어가지 않도록 하여 비가 오는 양을 잴 때 생기는 오차를 줄였습니다.

이 밖에도 장영실은 다양한 과학 기기를 제작하였다고 합니다. 한 예로 시간을 알려 주는 자격루와 천체의 운행을 관측하는 혼천의를 합쳐 옥루를 제작하였습니다. 옥루는 계절의 변화, 절기, 시간을 모두 알 수 있는 기구입니다.

쉬어 가기

퀴즈? 퀴즈!

개천에서 [　　　] 난다.

신분이나 지위가 낮은 집안에서 훌륭한 사람이 나올 때 사용하는 말

열두 동물과 시간

옛날 한국에서는 하루를 12개로 나누고 동물 이름으로 불렀습니다.

자 23시~1시

오 11시~13시

축 1시~3시

미 13시~15시

인 3시~5시

신 15시~17시

묘 5시~7시

유 17시~19시

진 7시~9시

술 19시~21시

사 9시~11시

해 21시~23시

쉬어 가기 답 용

제7과 나라를 구한 영웅 – 이순신 이야기

1. 여러분은 나라를 구한 사람들에 대해 들어 본 적이 있습니까?
2. 그 사람들은 어떻게 나라를 구했습니까?

▲ 잔다르크

▲ 간디

▲ 호치민

이야기 상상하기

- 다음 그림의 내용을 상상한 후 이야기 순서대로 문장을 만드십시오.

상상하며 듣기

1 그림을 보고 이야기의 순서를 상상해 봅시다.

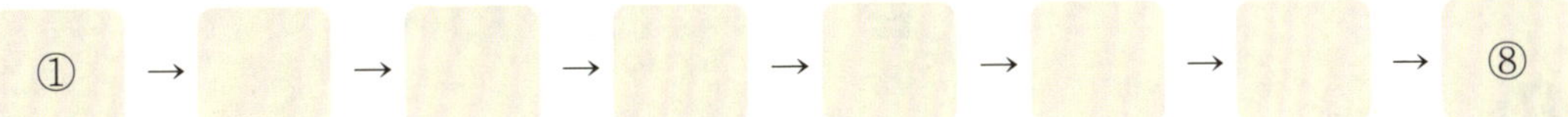

2 그림을 보면서 녹음을 듣고 이야기 순서대로 그림의 번호를 써 보세요.

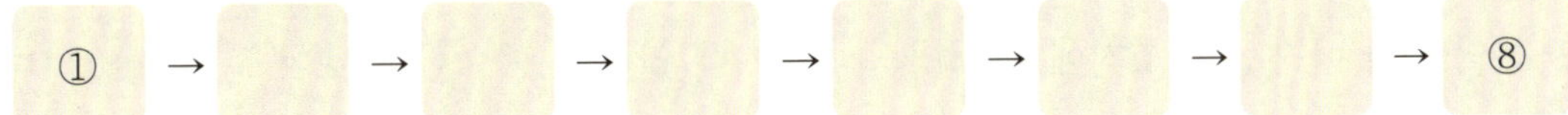

3 위의 순서에 맞게 이야기를 다시 구성해서 말해 보세요.

어휘

승진하다 晋升
조직 组织
리더 领袖
무너지다 崩溃
성공하다 成功
명장 名将
지도력 领导能力
훈련시키다 训练
거북선 龟船
대비하다 准备
도망 逃亡
피난 避难
자신감 自信心
흘리다 泄露
가두다 关, 监禁
백의종군 白衣从军(以平民身份上战场)
병력 兵力
육지 陆地
배 倍
총공격 总攻击
총 枪
발휘하다 发挥
불패 신화 不败神话
차이 差异

생각하며 읽기

나라를 구한 영웅

가 056

많은 사람들은 승진해서 높은 자리에 앉기를 바라며 조직에서 리더가 되기를 바랍니다. 그러나 누가 리더가 되느냐에 따라 조직은 무너질 수도 있고 크게 성공할 수도 있습니다. 조선의 명장 이순신은 조직에서 리더의 지도력이 얼마나 중요한지 보여 준 사람입니다.

나 057

지금으로부터 400여 년 전, 일본을 통일한 도요토미 히데요시는 명나라를 침략하기 위해 먼저 조선을 침략하려고 준비하고 있었습니다. 전라 지역을 지키던 이순신은 전쟁이 일어날 것을 예상했지만 선조는 이에 대해 준비를 하지 않고 있었습니다. 그래서 이순신은 나라의 도움 없이 군사들을 훈련시키고 거북선을 만드는 등 전쟁을 대비했습니다.

다 058

1592년, 도요토미 히데요시는 20여만 명의 군사를 이끌고 부산을 침략했습니다. 경상 지역을 지키던 원균은 아무런 준비를 하지 않고 있다가 셀 수 없이 많은 일본군의 배를 보고 싸워 봤자 질 것이 뻔하다고 생각했습니다. 그래서 무기와 배를 바다에 모두 버리고 도망을 갔습니다. 왕은 궁을 버리고 피난을 가면서 명나라에 도와 달라고 했습니다. 결국 조선의 수도마저 20일 만에 침략당했습니다.

▲ 이순신 동상

라 059

침략 소식을 들은 이순신은 군사들을 이끌고 경상 지역으로 갔습니다. 조선 군사들은 이순신의 지도력으로 첫 번째 승리를 하면서 자신감을 되찾았습니다. 그 후로도 이순신은 10여 차례 싸워서 모두 이겼고, 일본군은 이순신이 이끄는 군사들과의 싸움에서 계속 지면서 싸울 마음을 잃어버렸습니다. 일본군에게 이순신은 두려운 존재가 되었습니다.

마 060

이순신은 충청도, 전라도, 경상도의 군사를 이끄는 삼도 수군 통제사가 되었습니다. 이순신이 있는 한 일본은 이 전쟁에서 이길 수 없었습니다. 일본은 거짓 정보를 흘렸고 이것을 믿은 선조는 이순신에게 나가서 싸우라고 했습니다. 거짓 정보라고 생각한 이순신이 왕의 명령에 따르지 않자 선조는 이순신을 감옥에 가두었습니다. 신하들이 이순신을 죽이라고 했지만 왕은 그동안의 공을 인정하여 죽이지는 않고 이순신에게 백의종군할 것을 명령했습니다.

바 061

이순신이 감옥에 있을 때 원균은 삼도 수군 통제사가 되었지만, 일본과의 싸움에서 거의 모든 병력을 잃고 육지로 도망갔다가 일본군의 손에 죽었습니다. 선조는 이순신에게 다시 삼도 수군 통제사를 맡기면서 바다를 포기하고 육지에서 싸우라고 명령했습니다. 그러나 이순신은 "아직 12척의 배가 남아 있으니 죽을 힘을 다해 싸우면 이길 수 있습니다."라고 말했고, 명량 앞바다에서 10배가 넘는 130여 척의 배와 싸워 이겼습니다.

▲ 거북선

사 062

1598년 도요토미 히데요시가 죽자 육지에 있던 일본군은 일본으로 돌아가려고 했지만, 이순신이 바다를 지키고 있어서 돌아갈 수 없었습니다. 일본군은 500척을 보내 총공격을 했고 조선과 명나라의 군사들은 100여 척의 배로 함께 싸웠습니다. 이순신은 도망가는 일본군을 쫓다가 총에 맞았지만 "나의 죽음을 말하지 말라."라고 말했습니다. 이순신의 죽음을 모르는 군사들은 끝까지 싸워 이겼고, 7년간의 전쟁은 끝이 났습니다.

아 063

이순신은 어떠한 조건 속에서도 리더의 지도력을 발휘하여, 불패 신화를 만들어 냈습니다. 10배가 넘는 병력의 차이도 그의 뛰어난 지도력 앞에서는 아무런 문제가 되지 않았고, 죽음을 앞둔 때마저도 그의 지도력은 전쟁을 승리로 이끌었습니다. 이순신은 조선을 침략한 일본에서뿐만 아니라, 전 세계에서도 인정받는 뛰어난 명장으로 꼽힙니다.

내용 이해하기

1 이순신이 전쟁을 대비해서 만든 배의 이름은 무엇입니까?

____

2 군사들이 끝까지 싸워 이길 수 있게 자신의 죽음을 숨겼던 이순신은 마지막으로 어떤 말을 했습니까?

____

3 다음 중 이순신에 대한 설명으로 틀린 것을 고르십시오.

① 이순신은 전쟁이 일어날 것을 예상하고 이를 대비했습니다.

② 이순신은 조선의 모든 군사를 이끄는 자리에까지 올랐습니다.

③ 이순신은 거짓 정보를 믿은 왕 때문에 감옥에 가게 되었습니다.

④ 이순신은 명량에서 12척의 배로 130여 척의 배와 싸워 이겼습니다.

4 이 글의 내용과 같으면 ○, 다르면 × 하십시오.

(1) 군사들은 이순신 장군의 죽음을 슬퍼하며 끝까지 싸워 이겼습니다. (　　　)

(2) 이순신이 감옥에 있는 동안 원균은 삼도 수군 통제사가 되었습니다. (　　　)

(3) 일본의 침략에도 선조는 끝까지 궁을 지켰고, 수도는 함락되지 않았습니다. (　　　)

5 이 글의 내용에 맞게 빈칸에 알맞은 말을 쓰십시오.

누가 리더가 되느냐에 따라 조직은 (1) (　　　　　) 수도 있고 크게 (2) (　　　　　) 수도 있습니다. 조선의 (3) (　　　　　) 이순신은 조직에서 리더의 (4) (　　　　　) 이/가 얼마나 중요한지 보여 준 사람입니다.

내용 정리하기

● 녹음을 듣고 다음의 어휘를 사용하여 문단별로 요약해 보십시오. 056~063

가 조선의 명장 이순신 리더 지도력 얼마나 중요하다 사람

____

나 이순신 군사들 훈련시키다 거북선 만들다 전쟁 대비하다

____

다 도요토미 히데요시 20여만 명 이끌다 부산 침략하다 조선의 수도 20일

____

라 이순신 10여 차례 모두 이기다 일본군 두려운 존재 되다

____

마 일본 거짓 정보 흘리다 조선의 왕 이순신 백의종군 명령하다

____

바 이순신 12척의 배 명량 앞바다 10배 130여 척의 배 싸우다 이기다

____

사 이순신 총에 맞다 그의 죽음 모르다 군사들 끝 이기다

____

아 이순신 일본 전 세계 인정받다 뛰어나다 명장 꼽히다

____

문형과 표현 익히기

1 에 따라(서)

앞의 내용을 기준으로 해서 뒤의 내용이 제한됨을 나타내는 표현

(1) **지역에 따라** 아파트 가격이 차이가 난다.
(2) **날씨에 따라** 사람들의 옷차림이 달라집니다.
(3) 생활 수준이 **높아짐에 따라** 건강에 대한 관심도 높아졌다.
(4) 휴대폰 요금은 어떤 요금제를 **사용하느냐에 따라** 결정된다.
(5) 얼마나 **연습했느냐에 따라** 경기의 결과가 달라질 것입니다.

2 -아/어 봤자

앞의 행위나 상태가 이루어지더라도 부정적인 내용이 올 것임을 나타내는 표현

(1) 고집 **피워 봤자** 네 뜻대로 안 돼.
(2) 지금 와서 **후회해 봤자** 아무 소용없어요.
(3) 김밥 한 줄 **먹어 봤자** 간에 기별도 안 간다.
(4) **노력해 봤자** 그 사람을 따라갈 수 없을 거예요.
(5) 아무리 **이야기해 봤자** 그 사람은 귀담아듣지 않을 것이다.

3 -는 한

뒤 문장의 행위나 상태에 대한 조건을 나타낼 때 사용하는 표현

(1) 내가 **살아 있는 한** 이 결혼은 절대로 허락할 수 없다.
(2) 네가 내 옆에 **있는 한** 나는 세상 무엇도 두렵지 않아.
(3) 그 사람이 사과하지 **않는 한** 절대로 용서할 수 없어요.
(4) 유학 중에 특별한 사유가 **없는 한** 귀국할 수 없습니다.
(5) 꿈을 포기하지 **않는 한** 반드시 그 꿈을 이루는 날이 올 것이다.

더 생각해 보기

(1) 이순신은 전쟁을 예상해 군사들도 훈련시키고 거북선도 만들었습니다. 이순신은 어떻게 전쟁이 일어날 것을 미리 알았을까요?

(2) '백의종군'은 아무 계급이 없이 전쟁에 참가하는 것을 말합니다. 삼도 수군 통제사까지 올랐던 이순신은 어떤 마음으로 '백의종군'이라는 명령을 받아들였을까요?

(3) 총에 맞은 이순신은 "나의 죽음을 말하지 말라."고 했습니다. 이순신이 이렇게 말한 이유는 무엇일까요?

실력 다지기

[1~5] 다음 괄호에 알맞은 것을 고르십시오.

1 경찰은 자신을 보고 (　　　)을/를 가는 한 남자의 뒤를 쫓았다.

① 피서　② 이민　③ 출장　④ 도망

2 지진이 나자 마을 사람들은 다른 지역으로 (　　　)을 떠났다.

① 여행　② 피난　③ 관광　④ 세상

3 감독은 선수에게 이길 수 있다는 (　　　)을 심어 주고자 노력했다.

① 긴장감　② 박진감　③ 좌절감　④ 자신감

4 그 마을에는 이번 지진으로 (　　　) 건물이 한둘이 아니다.

① 깨진　② 터진　③ 무너진　④ 넘어간

5 체력이 떨어진 선수들은 집중력을 (　　　) 경기를 승리로 이끌었다.

① 발휘하여　② 적용하여　③ 분산하여　④ 모집하여

[6~8] 다음 밑줄 친 부분과 의미가 비슷한 것을 고르십시오.

6 그 여자는 남편이 과장에서 부장으로 <u>승진했다고</u> 기뻐하며 말했어요.

① 떨어졌다고　② 상승했다고　③ 진급했다고　④ 유급했다고

7 <u>리더</u>는 조직이나 단체를 이끌어 가는 자리에 있는 사람을 가리킨다.

① 회원　② 구성원　③ 안내원　④ 지도자

8 이번 행사가 잘 진행될 수 있도록 철저히 <u>대비해야</u> 합니다.

① 조사해야　② 준비해야　③ 검사해야　④ 단속해야

[9~10] 다음 밑줄 친 부분과 의미가 반대인 것을 고르십시오.

9 그 사람은 사업에 <u>성공해서</u> 세계적인 큰 부자가 되었다.

① 빠져서 ② 패해서 ③ 실패해서 ④ 미끌어져서

10 전문가들은 개를 <u>가두어</u> 놓고 키우는 것은 개에게 좋지 않다고 말한다.

① 잠가 ② 모아 ③ 풀어 ④ 보관해

[11~13] 아래에서 알맞은 것을 골라 문장을 완성하십시오.

에 따라(서)	-아/어 봤자	-는 한

11 가 내가 뭘 잘못했다고 그렇게 화를 내니? 이제는 마음 좀 풀어.

나 아니, 잘못을 모르는 너랑은 ____________________ 다시 싸울 것 같아.

12 가 그동안 많은 어려움이 있으셨는데 어떻게 극복하셨나요?

나 가족이죠. 가족이 ____________________ 어떤 어려움도 문제가 되지 않아요.

13 가 이번 경기가 그렇게 중요해요?

나 네, 이번 경기의 ____________________ 결승전 진출 팀이 결정되거든요.

체크하기

1 다음은 이 과에서 배운 어휘들입니다. 알고 있는 어휘에 ✓해 봅시다.

□ 승진하다	□ 거북선	□ 병력
□ 조직	□ 대비하다	□ 육지
□ 리더	□ 도망	□ 배
□ 무너지다	□ 피난	□ 총공격
□ 성공하다	□ 자신감	□ 총
□ 명장	□ 흘리다	□ 발휘하다
□ 지도력	□ 가두다	□ 불패 신화
□ 훈련시키다	□ 백의종군	□ 차이

2 다음 ( ) 안에 들어갈 표현을 알고 있는지 ✓하고 써 봅시다.

□ ( ) 그 사람을 따라갈 수 없을 거예요.
□ 김밥을 한 줄 ( ) 간에 기별도 안 간다.
□ 그 사람이 ( ) 절대로 용서할 수 없어요.
□ 휴대폰 요금은 어떤 요금제를 ( ) 결정된다.
□ 얼마나 ( ) 경기의 결과가 달라질 것입니다.
□ 아무리 ( ) 그 사람은 귀담아듣지 않을 것이다.
□ 생활 수준이 ( ) 건강에 대한 관심도 높아졌다.
□ 꿈을 ( ) 반드시 그 꿈을 이루는 날이 올 것이다.
□ 네가 내 옆에 ( ) 나는 세상 무엇도 두렵지 않아.

3 다음 표 안의 문장을 읽고 할 수 있는 정도에 따라 상·중·하에 ✓해 봅시다.

'나라를 구한 영웅'의 내용에 대해 말할 수 있다.	상	중	하
'나라를 구한 영웅'에서 배운 어휘와 문법을 사용하여 말할 수 있다.	상	중	하
'나라를 구한 영웅'을 통해 한국 역사를 이해하는 데 도움이 되었다.	상	중	하

더 알아보기

이순신의 3대 대첩

이순신은 임진왜란 7년 동안 많은 해전을 치르며 불패 신화를 이루었습니다. 그중 대표적인 해전은 다음과 같습니다.

한산도 대첩

1592년 한산도 앞바다에서 있었던 해전입니다. 이 해전으로 일본군은 해상 작전을 펼칠 수 없게 되었습니다. 조선 땅에 진출해 있던 일본군은 원활한 지원을 받지 못하게 되었고 일본 육군은 큰 타격을 입게 됐습니다. 또한 이순신은 학익진 전술을 해전에 사용하여 육상 전술도 해상에서 사용될 수 있다는 것을 증명하였습니다.

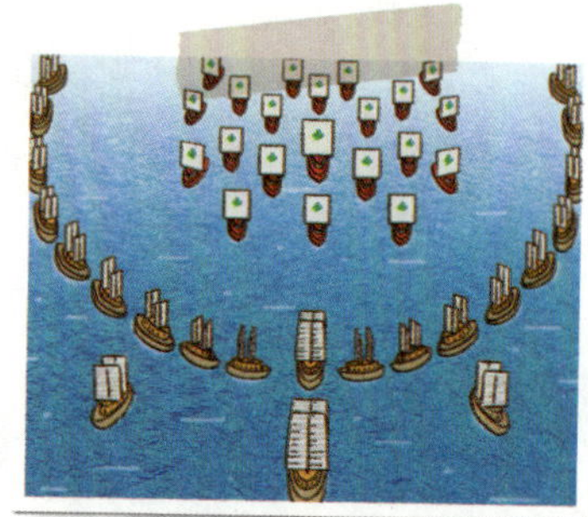

▲ 학익진: 학이 날개를 편 모양의 진형

명량 대첩

1597년 명량에서 12척의 배로 130여 척의 일본군과 싸워 이긴 해전입니다. 명량의 지역적 특성을 이용하여 10배가 넘는 적을 물리쳐서 일본군이 서해로 진출하는 것을 막았습니다. 이 극적인 해전은 영화로도 제작되었습니다.

노량 대첩

1598년 조선과 명나라가 연합하여 일본군을 크게 물리친 해전입니다. 노량 해전은 임진왜란 기간 중 바다에서의 마지막 싸움이었습니다. 이순신은 이 해전을 승리로 이끌고 눈을 감았습니다. 이순신이 남긴 마지막 말은 많은 사람들이 지금까지도 기억하는 명언으로 남았고 그의 삶과 정신은 영화, 드라마, 소설 등 다양한 작품으로 재탄생하고 있습니다.

▲ 이순신 기념탑

쉬어 가기

퀴즈? 퀴즈!

[ ] 을/를 알고 [ ] 을/를 알면 백 번 싸워 도 위태롭지 않다!

적에 대하여 구체적으로 알고 자신의 능력과 힘을 잘 알면 싸움에서 지지 않을 수 있음을 의미합니다.

가로세로 퍼즐

❶①			❷			②
		❸				
				③		
		❹	④			
	⑤				❻⑥	
❺						
			❼			

가로 문제

❶ 이곳에서 12척의 배로 130여 척의 일본군과 싸워 이겼다.

❷ 낮은 신분의 군사로 전쟁에 참가함.

❸ 화약의 힘으로 총알이 날아가게 하는 무기.

❹ 지도자가 남을 이끄는 능력.

❺ 모든 힘을 모아 공격하는 것.

❻ '이기다'와 비슷한 말. ○○하다.

❼ 앞으로 일어날지 모르는 일을 미리 준비함.

세로 문제

① 아랫사람에게 무엇을 하라고 시키다.

② '군인'과 비슷한 말.

③ 군대의 힘.

④ 쫓겨 가거나 피하는 것. ○○가다.

⑤ 목적을 이루다 '실패'의 반대말.

⑥ 조직에서 높은 자리로 올라가다.

쉬어 가기 답 적, 나, 164쪽 참조

제8과 뒤틀린 나무

– 사도 세자 이야기

1. 자식을 죽인 부모의 이야기를 들어 본 적이 있습니까?
2. 그들은 왜 자식을 죽였을까요?

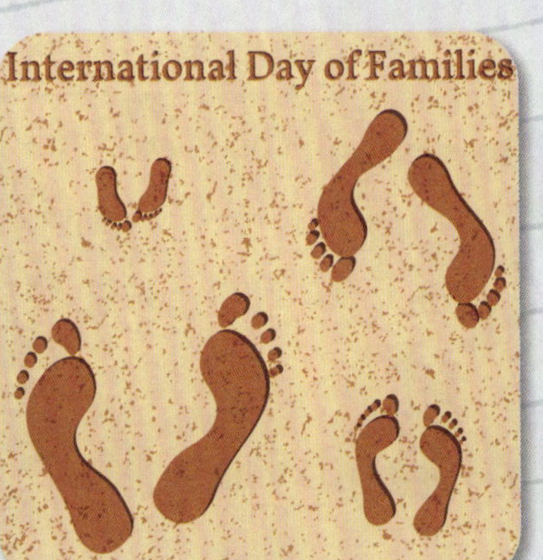

이야기 상상하기

● 다음 그림의 내용을 상상한 후 이야기 순서대로 문장을 만드십시오.

상상하며 듣기

1 그림을 보고 이야기의 순서를 상상해 봅시다.

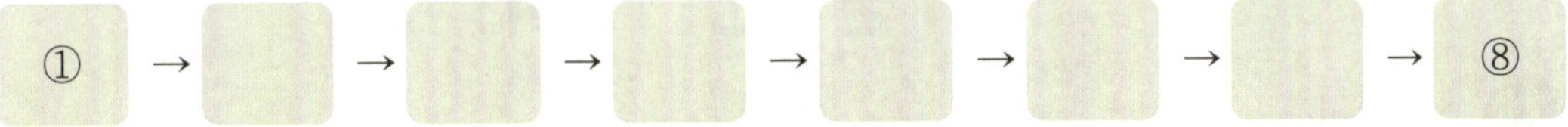

2 그림을 보면서 녹음을 듣고 이야기 순서대로 그림의 번호를 써 보세요.

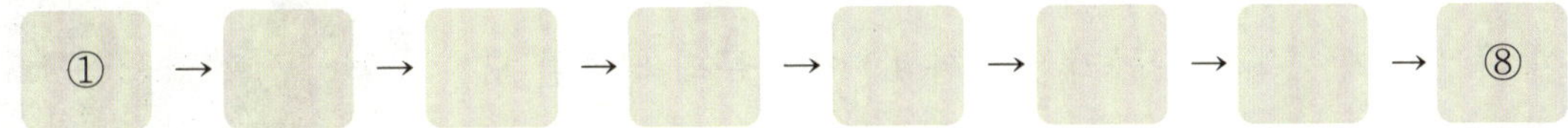

3 위의 순서에 맞게 이야기를 다시 구성해서 말해 보세요.

어휘

뒤틀리다 扭曲
훌륭하다 伟大
양반 贵族
엄격하다 严格
정작 真正, 实际
귀하다 贵重, 珍贵
듬뿍 满满地
활동적 活动性的
방해 妨碍
벌벌 떨다 哆嗦
물려주다 传给
주눅이 들다 畏缩

불만 不满
변명 辩解
제대로 好好地
폭력적 暴力的
정신병 精神病
뒤주 米柜
소리치다 大喊
막다 挡住, 堵住
무더위 炎热
모금 口(水、酒等)
곧다 笔直
비틀다 扭

뒤틀린 나무

가 065

심하게 뒤틀린 이 나무는 창경궁에 있는 450년 된 회화나무입니다. 보통의 회화나무는 이런 모양이 아닙니다. 그런데 이 나무는 왜 이렇게 뒤틀려 있을까요? 이 나무의 뒤틀린 모양은 안타깝게 죽은 조선의 한 왕자와 관계가 있습니다.

▲ 창경궁 회화나무

나 066

조선에는 백성을 사랑한 훌륭한 왕이 많은데 영조도 그중 한 사람으로 꼽을 수 있습니다. 영조는 세금을 줄이고, 잔인한 벌을 없앴으며, 관리나 양반들이 백성을 괴롭히지 못하게 하는 등 엄격하면서도 늘 백성을 생각하는 왕이었습니다.

다 067

영조는 백성들을 자신의 자식처럼 아끼고 사랑했지만, 정작 자신이 사랑할 아들은 쉽게 얻지 못했습니다. 영조는 결혼 후 첫아들을 얻었지만, 그 아들은 9살의 어린 나이에 죽어 버렸습니다. 그 후 7년 만에 두 번째 아들 '이선'을 얻었습니다. 영조는 귀한 아들을 얻어서 매우 기뻤습니다. 이선은 어릴 때부터 매우 똑똑하여 영조의 사랑을 듬뿍 받았습니다.

라 068

그러나 그 사랑은 얼마 가지 않았습니다. 이선은 아버지 영조와는 달리 활동적이어서 전쟁놀이를 좋아했을 뿐만 아니라, 말을 타고 무기를 사용하는 재주가 뛰어났습니다. 영조는 아들이 공부보다 전쟁놀이를 더 좋아하는 것이 마음에 들지 않았고, 어진 왕이 되는 데에 방해가 된다고 생각했습니다. 그래서 전쟁놀이를 함께한 사람들을 죽였습니다. 이선은 어린 나이에 큰 충격을 받았고, 이후에 아버지를 무서워하여 벌벌 떨게 되었습니다.

마 069

이선이 15살이 되었을 때 영조는 이선에게 왕의 일을 맡기고 왕의 자리를 물려줄 수 있을지 지켜보았습니다. 그러나 아버지에게 주눅이 든 이선은 신하들을 잘 이끌지 못했고, 영조는 그런 이선이 마음에 들지 않았습니다. 신하들은 영조에게 이선에 대한 불만을 이야기했습니다. 영조는 이선의 말은 듣지 않고 혼내기만 했습니다. 이선은 무서운 아버지로 인해 변명도 제대로 하지 못한 채 마음의 병을 얻게 되었고 그 병은 점점 심해졌습니다.

바 070

결국 이선은 폭력적으로 변했습니다. 이선은 아버지에게 자신의 단점만 말하는 신하들이 미웠습니다. 이선은 생각했습니다. '내가 힘 있는 왕이 되면 저들을 가만히 두지 않겠다.' 이선의 생각을 알게 된 신하들은 영조에게 이선이 정신병에 걸려 사람을 죽였다고 알렸습니다.

사 071

영조는 이 모든 일을 끝내고 싶었습니다. 그래서 하나밖에 없는 아들을 벌주기 위해 뒤주에 가두었습니다. 이선은 뒤주에서 꺼내 달라고 소리쳤지만, 영조의 마음은 변하지 않았습니다. 누군가 몰래 이선에게 뒤주의 틈으로 물과 음식을 넣어 주었는데, 이 사실을 알게 된 영조는 뒤주의 모든 틈을 막아 버렸습니다. 7월의 무더위 속에서 이선은 물 한 모금도 못 마신 채 뒤주 안에서 괴로워하다가 결국 8일 만에 죽고 말았습니다. 영조는 이선의 죽음을 슬퍼하는 뜻으로 '사도 세자'라고 했습니다.

▲ 뒤주

아 072

사도 세자는 죽어서야 답답한 뒤주에서 나올 수 있었습니다. 7월의 무더위 속에서 사도 세자는 얼마나 괴로웠을까요? 살려 달라고 얼마나 소리쳤을까요? 창경궁의 회화나무는 곧게 자라지 못하고 마치 사도 세자가 괴로움에 몸을 비틀었던 것처럼 심하게 뒤틀린 모양을 하고 있습니다. 이것은 사도 세자의 고통이 회화나무에 전해졌기 때문이 아닐까요?

내용 이해하기

1 **영조는 백성을 위해 무엇을 했습니까?**

---

2 **영조는 이선이 죽은 후 이선을 뭐라고 불렀습니까?**

---

3 **다음 중 이선과 관계가 없는 것을 고르십시오.**

① 이선은 아버지를 무서워했다.

② 이선은 영조의 둘째 아들이다.

③ 이선은 15살에 왕의 일을 맡았다.

④ 이선은 영조를 닮아 활동적이었다.

4 **이 글의 내용과 같으면 ○, 다르면 × 하십시오.**

(1) 이선은 어릴 때부터 아버지의 사랑을 받지 못했다. (　　　)

(2) 신하들은 영조에게 이선에 대한 불만을 이야기했다. (　　　)

(3) 영조는 신하들의 말만 듣고 이선의 말은 듣지 않았다. (　　　)

5 **이 글의 내용에 맞게 빈칸에 알맞은 말을 쓰십시오.**

> 영조는 아들을 (1) (　　　　　　) 뒤주에 가두었습니다. 누군가 몰래 이선에게 (2) (　　　　　　)(으)로 물과 음식을 넣어 주었습니다. 그러자 영조는 뒤주의 모든 틈을 (3) (　　　　　　). 이선은 7월의 (4) (　　　　　　) 속에서 괴로워하다가 8일 만에 죽고 말았습니다.

내용 정리하기

● 녹음을 듣고 다음의 어휘를 사용하여 문단별로 요약해 보십시오. 065~072

가 심하다 뒤틀리다 창경궁 회화나무 가슴 아프다 역사 관계

____

나 영조 훌륭한 왕 세금 잔인한 벌 없애다 백성 괴롭히다

____

다 첫아들 얻다 어린 나이 죽다 두 번째 아들 기쁘다 똑똑하다

____

라 이선 활동적 전쟁놀이 영조 죽이다 충격 무서워하다

____

마 이선 신하 이끌다 영조 듣지 않다 혼내다 마음의 병

____

바 폭력적 단점 밉다 가만히 두지 않다 신하들 정신병 죽이다

____

사 벌주다 뒤주 가두다 물 한 모금 괴로워하다 8일 사도 세자

____

아 회화나무 사도 세자 괴로움 비틀다 뒤틀리다 고통 전해지다

____

문형과 표현 익히기

1 -아/어 버리다

행동이 완료되었음을 표현하며, 그 결과 아쉬운 마음이 들었거나 부담이 줄어들었음을 나타냄.

(1) 그동안 밀린 빨래를 어제 다 **해 버렸어요**.
(2) 숙제를 끝내지 못하고 잠이 **들어 버렸어요**.
(3) 그 모임은 나하고 맞지 않아서 그냥 **나와 버렸어**.
(4) 영조의 첫 아들은 9살의 나이에 **죽어 버렸습니다**.
(5) 우유는 금방 상하니까 남기지 말고 다 **먹어 버립시다**.

2 -(으)로 인해

선행절이 후행절의 원인이 될 때 사용하는 표현

(1) **아이로 인해** 집안에 웃음꽃이 핍니다.
(2) **스트레스로 인해** 두통이 심해졌습니다.
(3) **태풍으로 인해** 많은 사람들이 다쳤습니다.
(4) **환경 오염으로 인해** 사라지는 동식물들이 많습니다.
(5) 무서운 **아버지로 인해** 이선은 마음의 병을 얻게 되었습니다.

3 -(으)ㄴ 채(로)

선행절의 상태를 유지하고 후행절의 행위를 할 때 사용하는 표현

(1) 창문을 **연 채로** 잠이 들어서 감기에 걸렸어요.
(2) 시험공부를 하다가 안경을 **쓴 채로** 잠이 들었어요.
(3) 한국에서는 신발을 **신은 채로** 방에 들어가면 안 됩니다.
(4) 옛날 사람들은 서로의 얼굴도 **모른 채** 결혼했다고 합니다.
(5) 이선은 물 한 모금도 못 **마신 채** 괴로워하다가 죽고 말았습니다.

더 생각해 보기

(1) 영조와 사도 세자의 사이는 왜 멀어졌을까요?

(2) 사도 세자가 뒤주에 갇혀 있을 때 누가 음식을 넣어 주었을까요?

(3) 사도 세자가 죽은 후 영조는 무슨 생각을 했을까요?

실력 다지기

[1~5] 다음 괄호에 알맞은 것을 고르십시오.

1 비를 맞아서 의자 모양이 (   ).

① 뒤틀렸다 ② 뾰족하다 ③ 동그랗다 ④ 기다랗다

2 우리 집에는 밤 9시까지 집에 들어와야 한다는 (   ) 규칙이 있다.

① 인자한 ② 엄격한 ③ 지루한 ④ 심각한

3 운전을 해야 하기 때문에 술은 한 (   )도 마시면 안 돼요.

① 술 ② 마디 ③ 발짝 ④ 모금

4 나는 어머니가 동생만 예뻐한다고 (   )을/를 이야기했다.

① 불만 ② 불신 ③ 불편 ④ 불평

5 이 게임은 너무 (   )이어서 학생들에게 나쁜 영향을 준다.

① 적극적 ② 이기적 ③ 강제적 ④ 폭력적

[6~8] 다음 밑줄 친 부분과 의미가 비슷한 것을 고르십시오.

6 사람의 생명보다 더 <u>귀한</u> 것은 없습니다.

① 비싼 ② 높은 ③ 무거운 ④ 소중한

7 어머니는 밥그릇에 밥을 <u>듬뿍</u> 담아서 아들에게 주었다.

① 잔뜩 ② 매우 ③ 힘껏 ④ 심하게

8 물에 빠진 사람을 보고 '사람 살려!'라고 크게 <u>소리쳤다</u>.

① 외쳤다 ② 불렀다 ③ 대화했다 ④ 주장했다

[9~10] 다음 밑줄 친 부분과 의미가 반대인 것을 고르십시오.

9 공부에 방해가 되니까 조용히 합시다.

① 힘　　② 지원　　③ 도움　　④ 이익

10 바람이 들어오지 못하게 벽에 있는 구멍을 막았다.

① 깎았다　　② 뚫었다　　③ 찔렀다　　④ 잘랐다

[11~13] 아래에서 알맞은 것을 골라 문장을 완성하십시오.

-아/어 버리다	-(으)로 인해	-(으)ㄴ 채(로)

11 가 스마트폰 중독 문제가 심각한 것 같아요.

나 네, 우리 아이도 ____________________ 눈이 나빠졌어요.

12 가 어? 늦으신다더니 안 늦으셨네요?

나 사실 늦게 일어나서 세수도 ____________________ 나왔어요.

13 가 아이가 병원을 무서워한다면서요? 울지 않았어요?

나 말도 마세요. 의사 선생님을 보고 바로 ____________________.

체크하기

1 다음은 이 과에서 배운 어휘들입니다. 알고 있는 어휘에 ✓해 봅시다.

- ☐ 뒤틀리다
- ☐ 훌륭하다
- ☐ 양반
- ☐ 엄격하다
- ☐ 정작
- ☐ 귀하다
- ☐ 듬뿍
- ☐ 활동적
- ☐ 방해
- ☐ 벌벌 떨다
- ☐ 물려주다
- ☐ 주눅이 들다
- ☐ 불만
- ☐ 변명
- ☐ 제대로
- ☐ 폭력적
- ☐ 정신병
- ☐ 뒤주
- ☐ 소리치다
- ☐ 막다
- ☐ 무더위
- ☐ 모금
- ☐ 곧다
- ☐ 비틀다

2 다음 ( ) 안에 들어갈 표현을 알고 있는지 ✓하고 써 봅시다.

- ☐ ( ) 두통이 심해졌습니다.
- ☐ 그동안 밀린 빨래를 어제 다 ( ).
- ☐ ( ) 사라지는 동식물들이 많습니다.
- ☐ 영조의 첫아들은 9살의 나이에 ( ).
- ☐ 그 모임은 나하고 맞지 않아서 그냥 ( ).
- ☐ 무서운 ( ) 이선은 마음의 병을 얻게 되었습니다.
- ☐ 한국에서는 신발을 ( ) 방에 들어가면 안 됩니다.
- ☐ 옛날 사람들은 서로의 얼굴도 ( ) 결혼했다고 합니다.
- ☐ 이선은 물 한 모금도 못 ( ) 괴로워하다가 죽고 말았습니다.

3 다음 표 안의 문장을 읽고 할 수 있는 정도에 따라 상·중·하에 ✓해 봅시다.

'뒤틀린 나무'에 대해 말할 수 있다.	상	중	하
'뒤틀린 나무'에서 배운 어휘와 문법을 사용하여 말할 수 있다.	상	중	하
'뒤틀린 나무'를 통해 한국 역사를 이해하는 데 도움이 되었다.	상	중	하

더 알아보기

탕평채와 탕평책

▲ 탕평채

이 음식의 이름은 탕평채입니다. 이 음식은 서로 다른 색깔의 재료가 한 접시에 담겨야 비로소 '탕평채'라는 맛있는 하나의 음식이 됩니다. 탕평채의 4가지 색깔과 탕평채라는 이름은 무슨 관계가 있을까요? 이것은 영조와 관계가 있습니다.

사람은 누구나 자신의 이익을 추구하지요? 영조 시대에도 많은 신하들이 자신들의 이익을 위해 자기 편이 아닌 사람을 서로 내쫓으려고 했습니다. 영조는 이 과정에서 아까운 인재들을 많이 잃었는데요. 영조는 이것을 매우 안타깝게 생각했습니다. 그래서 배경이 아닌 능력에 따라 사람을 뽑아 정치에 참여시키는 정책을 생각해 냈는데 이것이 바로 탕평책입니다.

탕평책의 필요성을 신하들에게 알리기 위해, 영조는 신하들과 탕평책을 의논하는 자리에 한 음식을 올렸습니다. 그 음식은 흰색, 검은색, 붉은색, 푸른색으로 이루어져 있었는데요. 다양한 색이 어우러진 그 음식처럼, 서로 다른 생각을 가진 신하들이 싸우지 않고 함께 어울려 좋은 나라를 만들면 좋겠다는 생각 때문이었지요. 그 후로 사람들은 그 음식을 '탕평채'라고 부르게 되었답니다.

쉬어 가기

퀴즈? 퀴즈!

부모가 죽으면 ［　　　　］에 묻고

자식이 죽으면 ［　　　　］에 묻는다.

자식이 죽으면 부모는 그 자식을 잊지 못해서 평생 마음속에 간직하고 산다는 뜻입니다.

탕평채 만들기

재료

청포묵, 미나리, 쇠고기, 김

방법

① 청포묵을 길게 썰어서 끓는 물에 넣었다가 빼세요.

② 쇠고기도 길게 썬 후 간장으로 양념하여 볶으세요.

③ 미나리도 끓는 물에 넣었다가 뺀 후 찬물로 씻으세요. 그리고 먹기 좋게 비슷한 길이로 썰어 놓으세요.

④ 김을 구워서 길게 잘라 주세요.

⑤ 청포묵에 간장, 식초, 설탕, 참기름 등을 넣어 양념하세요.

⑥ 양념된 청포묵에 ②, ③, ④를 넣고 골고루 섞으세요.

⑦ 입맛에 따라 계란을 넣으셔도 됩니다.

쉬어 가기 답 산, 가슴

제9과 나눔을 실천한 삶

- 김만덕 이야기

1. 여러분이 부자가 된다면 무엇을 하겠습니까?
2. 여러분은 다른 사람을 위해 무엇을 나눌 수 있습니까?

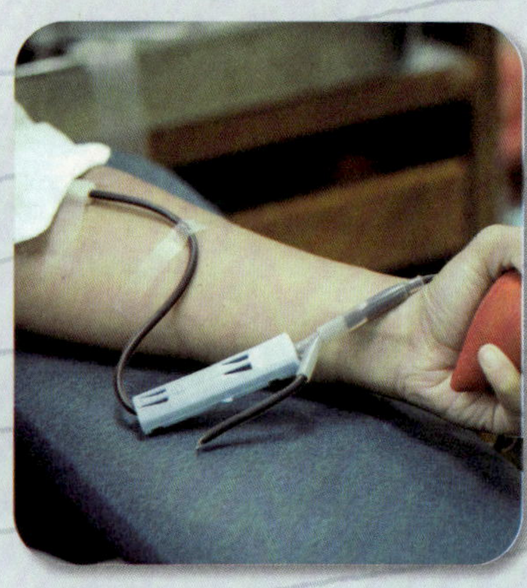

이야기 상상하기

● 다음 그림의 내용을 상상한 후 이야기 순서대로 문장을 만드십시오.

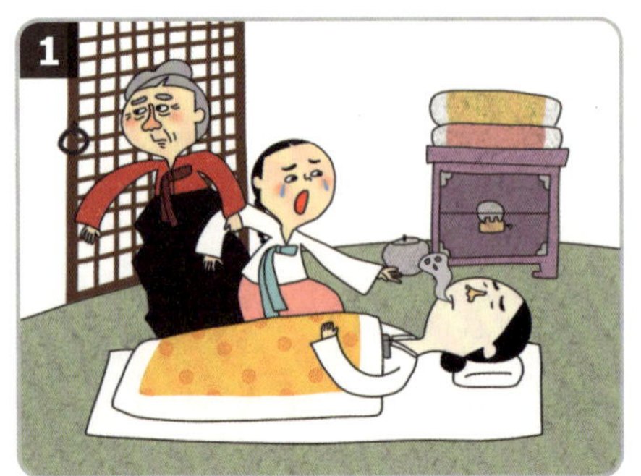

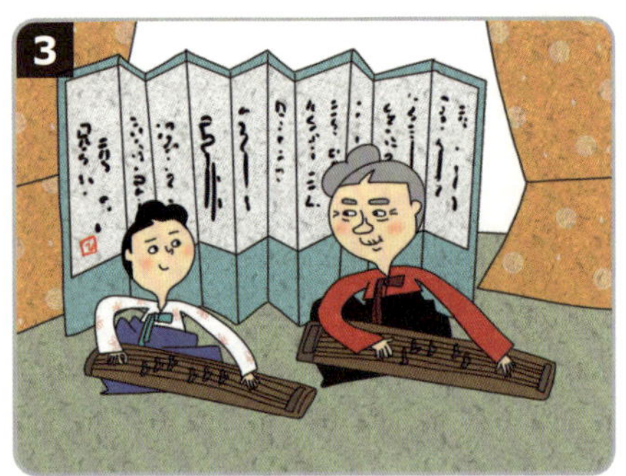

상상하며 듣기

1 그림을 보고 이야기의 순서를 상상해 봅시다.

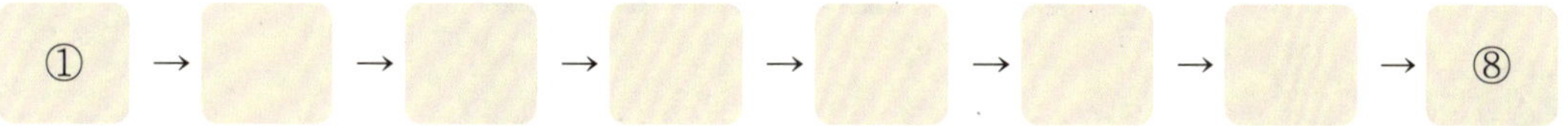

2 그림을 보면서 녹음을 듣고 이야기 순서대로 그림의 번호를 써 보세요.

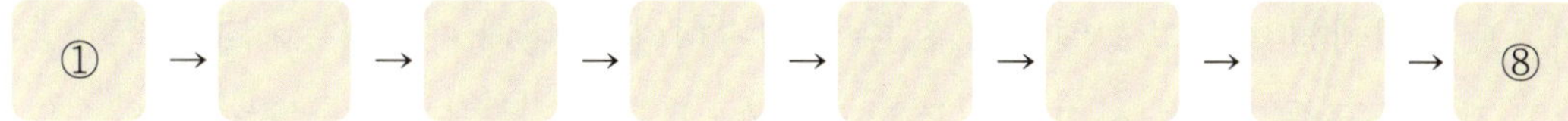

3 위의 순서에 맞게 이야기를 다시 구성해서 말해 보세요.

어휘

중심 中心, 重心
부를 쌓다 累积财富
재산 财产
기부하다 捐献
칭송 称颂
의지하다 依靠, 依赖
명부 名簿, 名册
사연 缘故, 缘由
양민 良民
장사 生意
흉년 凶年, 荒年
굶다 饥饿
털다 花光, 用尽
골고루 平均, 均匀
지도층 领导阶层
의외 意外
임금님 国王
널리 遍及, 普遍
선행 善行
귀감 榜样, 模范
소중히 珍贵, 珍惜
실천하다 实践
정신을 높이 사다 对于…高度评价
출륙 금지 离岛禁令(禁止济州人民离开岛屿的命令)

나눔을 실천한 삶

가 074

조선은 신분제 사회이면서 남성 중심의 사회였기 때문에 남자와 여자가 하는 일이 달랐습니다. 남자는 밖의 일을 하고 여자는 집안일을 해야 했습니다. 여자는 아무리 능력이 뛰어나도 사회에서 자신의 능력을 펼칠 수 없었습니다. 그런데 제주에는 여자의 몸으로 부를 쌓고 자신의 모든 재산을 사회에 기부하여 사람들로부터 칭송을 받은 사람이 있었습니다.

나 075

영조 15년, 제주에서 김만덕이라는 한 아이가 태어났습니다. 만덕이 열두 살이 되던 해 만덕의 아버지는 사고로 돌아가시고 어머니마저 병으로 돌아가셨습니다. 의지할 곳 없는 만덕을 한 기생이 자신의 집으로 데리고 가서 딸로 삼았습니다. 몇 년 후 만덕은 기생의 명부에 이름을 올리고 기생으로 살게 되었습니다. 그러나 만덕은 자신을 기생으로 여기지 않았습니다.

다 076

김만덕은 스무 살이 넘었을 때 관청에 자신의 사연을 말하며 양민으로 돌아가게 해 달라고 부탁했습니다. 관청에서는 김만덕을 불쌍히 여겨 기생의 명부에서 이름을 빼 주고 양민으로 살 수 있게 해 주었습니다. 그 후 김만덕은 장사를 시작했습니다. 물건을 쌀 때 사고 비쌀 때 팔았습니다. 이렇게 수십 년을 살다 보니 만덕은 제주에서 큰 부자가 되어 있었습니다.

▲ 김만덕 객주

라 077

정조 19년, 제주에서는 4년간 지속된 흉년으로 많은 사람이 굶어 죽었습니다. 정조는 제주에 쌀을 보냈지만 제주도의 모든 사람이 먹기에는 부족했습니다. 김만덕은 전 재산을 털어 육지에서 곡식을 산 후, 굶어 죽어 가는 사람들에게 골고루 나누어 줄 수 있도록 관청에 모든 곡식을 바쳤습니다.

마 078

김만덕이 한 일은 사회의 지도층이었던 양반들도 하기 힘든 일이었습니다. 보통 이런 일을 한 사람은 관직을 받을 수 있었지만, 김만덕은 여자라서 관직을 받을 수 없었습니다. 정조는 제주의 관리에게 김만덕의 소원을 들어주라고 했습니다. 김만덕은 의외의 소원을 말했습니다. "저는 임금님이 계신 곳과 금강산을 볼 수 있다면 죽어도 소원이 없겠습니다."

바 079

조선 시대에 제주도 사람은 제주도 밖으로 나갈 수 없었습니다. 그러나 정조는 김만덕을 서울로 불렀고 금강산도 관광할 수 있게 해 주었습니다. 정조는 제주로 돌아가는 김만덕에게 상을 주었고, 김만덕의 이름은 서울에 널리 알려지게 되어 많은 사람들이 김만덕을 칭송하였습니다.

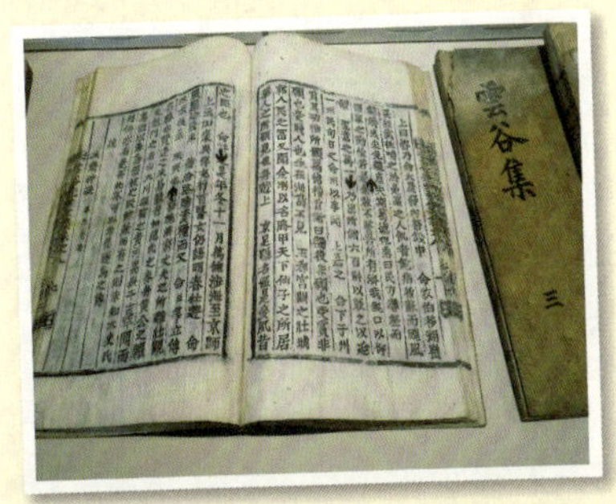

▲ 운곡집 - 김만덕에 대해 다룬 부분

사 080

김만덕의 선행은 조선의 모든 사람들에게 귀감이 되었습니다. 높은 관직에 있는 사람들뿐만 아니라, 조선의 유명한 학자들도 인간을 소중히 여기고 나눔을 실천한 김만덕의 정신을 높이 샀습니다. 여러 사람들이 김만덕을 칭송하는 시를 쓰고, 김만덕의 이야기를 책으로 냈습니다. 김만덕은 제주로 돌아와서도 선행을 이어 가다가 74세의 나이로 세상을 떠났습니다.

아 081

출륙 금지가 있었음에도 불구하고 섬 밖으로 나가 조선의 왕을 직접 만난 김만덕은 조선의 학자들의 칭송을 받은 유일한 제주 여성이었습니다. 그리고 남성 중심의 사회인 조선에서 짧게나마 역사에 이름을 남긴 몇 안 되는 여성 중 하나였습니다. 200여 년이 지난 지금까지도 김만덕의 정신은 많은 사람들에게 귀감이 됩니다.

내용 이해하기

1 김만덕은 어떻게 해서 부자가 되었습니까?

____

2 김만덕의 소원은 무엇입니까?

____

3 다음 중 김만덕에 대한 설명으로 틀린 것을 고르십시오.

① 김만덕은 기생의 딸로 태어났습니다.

② 김만덕은 양민이 된 후 장사를 시작했습니다.

③ 김만덕은 전 재산을 굶어 죽어 가는 사람들에게 썼습니다.

④ 김만덕은 출륙 금지를 깨고 조선의 왕을 만난 최초의 제주 여성입니다.

4 이 글의 내용과 같으면 ○, 다르면 × 하십시오.

(1) 정조는 김만덕에게 많은 상과 관직을 주었습니다. (　　)

(2) 김만덕은 자기 스스로를 기생으로 여기지 않았습니다. (　　)

(3) 김만덕은 제주에 돌아온 후에도 불쌍한 사람들을 도왔습니다. (　　)

5 이 글의 내용에 맞게 빈칸에 알맞은 말을 쓰십시오.

김만덕의 (1) (　　　　)은/는 조선의 모든 사람들에게 (2) (　　　　)이/가 되었습니다. 높은 관직에 있는 사람들뿐만 아니라 조선의 유명한 학자들도 인간을 (3) (　　　　) 여기고 나눔을 실천하는 김만덕의 정신을 (4) (　　　　).

내용 정리하기

● 녹음을 듣고 다음의 어휘를 사용하여 문단별로 요약해 보십시오. 074~081

가

조선 남성 중심 김만덕 여자의 몸 부를 쌓다 재산 기부 칭송

____

나

부모님 사고 돌아가시다 의지하다 기생 데리고 가다 딸로 삼다

____

다

김만덕 관청 사연 양민이 되다 그 후 장사 큰 부자

____

라

지속되다 흉년 굶어 죽다 털다 곡식 골고루 나누다 바치다

____

마

정조 관리 소원을 들어주다 김만덕 의외 임금님 금강산 죽다

____

바

정조 김만덕 서울 금강산 제주 돌아가다 상을 주다

____

사

선행 귀감이 되다 유명한 학자들 인간 소중히 나눔 정신을 높이 사다

____

아

김만덕 출륙 금지 왕 유일하다 지금 김만덕의 정신 귀감

____

문형과 표현 익히기

1 -다 보니

어떤 일을 하는 과정에서 새로운 사실을 알게 되거나 뒤 문장의 결과가 발생하였을 때 사용하는 표현

(1) 자꾸 **만나다 보니** 정이 들었어요.
(2) 바쁘게 **일하다 보니** 하루가 금방 가는 것 같아요.
(3) 처음엔 김치가 맵기만 했는데 **먹다 보니** 아주 맛있네요.
(4) 한국에 오래 **살다 보니** 자연스럽게 한국어를 말하게 됩니다.
(5) 운동을 막 시작했을 때는 여기저기 아팠는데 계속 **하다 보니** 괜찮아졌어요.

2 -도록

뒤 문장의 행위에 대한 목적이나 이유를 나타내는 표현

(1) 아이가 **깨지 않도록** 조용히 합시다.
(2) 다음에는 **늦지 않도록** 일찍 자야겠다.
(3) 뒷자리에 앉은 사람도 **볼 수 있도록** 크게 써 주세요.
(4) 이번 프로젝트가 **성공할 수 있도록** 다 같이 힘을 모읍시다.
(5) 잘 깨지는 물건이니까 **깨지지 않도록** 조심해서 옮겨 주세요.

3 (이)나마

다른 선택을 할 수 없거나 최선의 선택은 아니지만 그래도 괜찮다고 생각할 때 사용하는 표현

(1) 짧은 시간이었지만 **이렇게나마** 볼 수 있어서 만족합니다.
(2) 잘하지는 않지만 그래도 **조금이나마** 도움이 되고 싶습니다.
(3) 교통사고로 폐차는 했지만 아무도 안 다쳤으니 **그나마** 다행이다.
(4) 아무리 바빠도 차 한잔하면서 **잠깐이나마** 쉬는 시간을 가져야 한다.
(5) 가족과 멀리 떨어져 살지만 **전화로나마** 목소리를 들을 수 있으니 괜찮다.

더 생각해 보기

(1) 김만덕은 장사를 해서 부자가 되었습니다. 여러분이 김만덕이라면 어떤 장사를 해 보겠습니까? 이유는 무엇입니까?

(2) 김만덕은 전 재산을 털어서 굶어 죽어 가는 사람들을 살렸습니다. 전 재산을 남에게 쓸 수 있었던 이유는 무엇일까요? 무슨 생각이 있었을까요?

(3) 여러분의 소원을 들어줄 왕이 있다면 어떤 소원을 말하겠습니까?

실력 다지기

● **[1~5] 다음 괄호에 알맞은 것을 고르십시오.**

1 라디오로 사람들의 다양한 (　　　)을/를 들으면 재미도 있고 배우는 것도 있다.

① 목소리　② 고생　③ 추억　④ 사연

2 이 식당은 주인이 음식 솜씨가 좋아서 (　　　)이/가 잘 된다.

① 장사　② 매출　③ 매매　④ 수입

3 좋아하는 음식만 먹지 말고 (　　　) 먹어야 한다.

① 죄수　② 선수　③ 골고루　④ 따로따로

4 그 작가는 (　　　)이 되는 좋은 글을 많이 남겼다.

① 유감　② 소감　③ 귀감　④ 반감

5 제가 가장 (　　　) 생각하는 물건은 부모님이 남겨 주신 이 그림입니다.

① 신중히　② 소중히　③ 간신히　④ 영원히

● **[6~8] 다음 밑줄 친 부분과 의미가 비슷한 것을 고르십시오.**

6 학력 <u>중심</u> 사회의 사람들은 자신이 정말로 원하는 직업을 갖기가 힘들다.

① 속　② 위주　③ 바탕　④ 가운데

7 우리는 힘들 때 서로 <u>의지할</u> 수 있는 친구입니다.

① 기댈　② 부탁할　③ 지지할　④ 의심할

8 신청자가 없을 줄 알았는데 <u>의외로</u> 많아서 놀랐다.

① 상당히　② 뜻밖에　③ 도리어　④ 여전히

● [9~10] 다음 밑줄 친 부분과 의미가 반대인 것을 고르십시오.

9 흉년으로 농산물 수확량이 떨어지자 농산물 값이 폭등하고 있다.

① 금년 ② 유년 ③ 원년 ④ 풍년

10 그 사람은 10년 넘게 남을 도와주는 선행을 해 왔다고 한다.

① 기행 ② 강행 ③ 악행 ④ 비행

● [11~13] 아래에서 알맞은 것을 골라 문장을 완성하십시오.

-다 보니	-도록	(이)나마

11 가 영수 씨가 회의에 늦었다면서요?

나 그래도 ______________________ 참석했으니 다행이지요.

12 가 미나 씨 무슨 좋은 일 있어요? 얼굴이 아주 밝아졌어요.

나 요즘 춤을 배우고 있어요. 춤을 ______________________ 성격도 밝아졌네요.

13 가 고기는 어떻게 썰까요?

나 아이가 먹을 거니까 아이가 ______________________ 작게 썰어 주세요.

체크하기

1 다음은 이 과에서 배운 어휘들입니다. 알고 있는 어휘에 ✓해 봅시다.

□ 중심	□ 양민	□ 임금님
□ 부를 쌓다	□ 장사	□ 널리
□ 재산	□ 흉년	□ 선행
□ 기부하다	□ 굶다	□ 귀감
□ 칭송	□ 털다	□ 소중히
□ 의지하다	□ 골고루	□ 실천하다
□ 명부	□ 지도층	□ 정신을 높이 사다
□ 사연	□ 의외	□ 출륙 금지

2 다음 ( ) 안에 들어갈 표현을 알고 있는지 ✓하고 써 봅시다.

□ 자꾸 ( ) 정이 들었어요.

□ 아이가 ( ) 조용히 합시다.

□ 바쁘게 ( ) 하루가 금방 가는 것 같아요.

□ 뒷자리에 앉은 사람도 ( ) 크게 써 주세요.

□ 이번 프로젝트가 ( ) 다 같이 힘을 모읍시다.

□ 짧은 시간이었지만 ( ) 볼 수 있어서 만족합니다.

□ 처음엔 김치가 맵기만 했는데 ( ) 아주 맛있네요.

□ 잘하지는 않지만 그래도 ( ) 도움이 되고 싶습니다.

□ 아무리 바빠도 차 한잔하면서 ( ) 쉬는 시간을 가져야 한다.

3 다음 표 안의 문장을 읽고 할 수 있는 정도에 따라 상·중·하에 ✓해 봅시다.

'나눔을 실천한 삶'의 내용에 대해 말할 수 있다.	상	중	하
'나눔을 실천한 삶'에서 배운 어휘와 문법을 사용하여 말할 수 있다.	상	중	하
'나눔을 실천한 삶'을 통해 한국 역사를 이해하는 데 도움이 되었다.	상	중	하

더 알아보기

출륙 금지

15세기에 국가는 제주 사람들에게 말, 감귤, 전복, 미역, 약재 등을 바치도록 요구하면서 노동과 세금도 강요했습니다. 한라산 중간 지역을 말을 키우는 목장으로 만들어 농사를 못 하게 했기 때문에 제주 사람들은 해변 지역의 일부 땅에서만 농사를 지을 수 있었습니다. 여기에 흉년까지 심해지고 지방 세력가들마저 제주 사람들을 괴롭히자 이를 참다 못한 제주 사람들은 살기 위해 민란을 일으키거나 육지로 도망을 가기도 했습니다.

▲ 테우

제주에서 도망 나오는 사람들이 많아지자 중앙 정부는 제주에 출륙 금지(육지로 나갈 수 없게 하는 제도)를 내렸고 돛을 단 배를 탈 수 없게 하였습니다. 배에 돛을 달지 못하면 바람의 힘을 이용할 수 없기 때문에 멀리 나갈 수 없습니다. 그래서 제주 사람들은 가까운 바다에서 돛이 없는 테우를 이용하여 고기를 잡으며 살게 되었습니다. 출륙 금지는 제주를 고립시켜서 기술 발전이 어렵게 되었습니다. 그 대신 제주에는 육지와는 다른 제주 고유의 문화가 남게 되었습니다.

쉬어 가기

퀴즈? 퀴즈!

[ ]에서 인심 난다.

여유가 있어야 남을 도와줄 수 있다는 뜻입니다.

나는 어떤 사람?

❶ 옷을 잘 입는다.
예 → ❷
아니요 → ❸

❷ 꾸미는 것을 좋아한다.
예 → ❹
아니요 → ❺

❸ 눈치가 빠른 편이다.
예 → ❻
아니요 → ❼

❹ 약속을 잘 지킨다.
예 → ❺
아니요 → ❽

❺ 힘들어도 잘 참는다.
예 → ❼
아니요 → ❿

❻ 성격이 급하다.
예 → ⓬
아니요 → ❿

❼ 고집이 세다.
예 → ❾
아니요 → ⓫

❽ 공부하는 것을 좋아한다.
예 → ⓭
아니요 → ❾

❾ 계산이 빠르다.
예 → ⓰
아니요 → ⓮

❿ 첫눈에 반한 사람이 있다.
예 → ⓫
아니요 → ⓯

⓫ 남에게 시키는 것을 좋아한다.
예 → ⓮
아니요 → ⓰

⓬ 다른 사람을 잘 믿지 못한다.
예 → ⓯
아니요 → ⓮

⓭ 아이디어가 풍부하다.
예 → ⓰
아니요 → ⓮

⓮ 사랑을 위해 뭐든지 할 수 있다.
예 → 가
아니요 → 나

⓯ 불쌍한 사람을 잘 돕는다.
예 → 다
아니요 → 라

⓰ 만드는 것을 좋아한다.
예 → 마
아니요 → 바

가 낙랑 공주

나 웅녀

다 김만덕

라 궁예

마 최무선

바 영조

쉬어 가기 답 곳간

시대를 뛰어넘은 사상가

– 정약용 이야기

1. 여러분이 알고 있는 사상이나 사상가가 있습니까?
2. 사상이 우리의 삶과 어떤 관계가 있을까요?

▲ 공자

▲ 마르크스

▲ 니체

이야기 상상하기

● 다음 그림의 내용을 상상한 후 이야기 순서대로 문장을 만드십시오.

상상하며 듣기

1 그림을 보고 이야기의 순서를 상상해 봅시다.

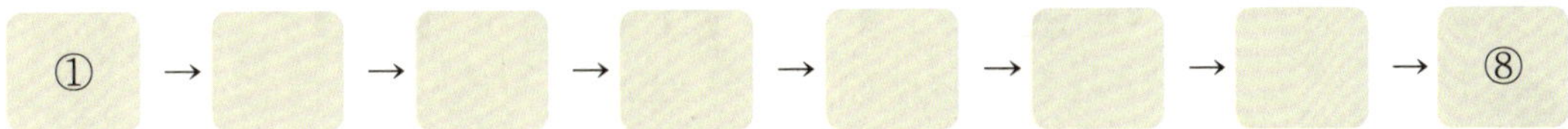

2 그림을 보면서 녹음을 듣고 이야기 순서대로 그림의 번호를 써 보세요.

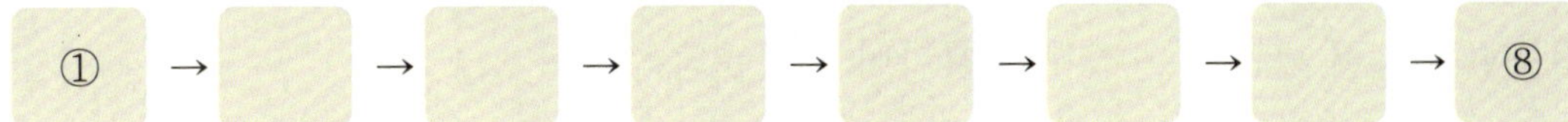

3 위의 순서에 맞게 이야기를 다시 구성해서 말해 보세요.

어휘

평등하다 平等
당연하다 当然
불합리하다 不合理
불공정하다 不公平
개혁하다 改革
천자문 千字文
매형 姐夫
실용적이다 实用的
실학 实学
성균관 成均馆
눈에 띄다 显然可见, 映入眼帘
신임 信任
건축 建筑
비용 费用
암행어사 微服私访的御史, 暗行御史
부당하다 不当
이자 利息
천주교 天主教
질서 秩序
귀담아듣다 仔细聆听
부패 腐败
무능 无能
편 篇
담기다 内含, 内蕴

시대를 뛰어넘은 사상가

가 083

모든 인간이 평등하다는 말은 오늘날 당연하게 받아들여집니다. 그러나 200년 전 조선에서는 생각조차 하기 힘든 말이었습니다. 그런 조선에 불합리하고 불공정한 것을 개혁하여 평등한 세상이 되는 것을 꿈꾸던 사람이 있었습니다.

나 084

정약용은 경기도에서 지방 관리의 아들로 태어났습니다. 정약용은 네 살에 천자문을 익혔고 일곱 살에 시를 지었으며 열 살 이전에 자신의 시집을 만들 정도로 똑똑했습니다. 열여섯 살에는 서울에 사는 매형으로부터 서양의 실용적인 지식과 과학을 알게 된 후 실학에 관심을 갖고 많은 책을 읽었습니다. 그 후 성균관에 들어가 공부하던 정약용은 정조의 눈에 띄어 정조의 신임을 받았습니다.

다 085

정약용은 정조가 사도 세자의 무덤에 갈 때 쉽게 강을 건널 수 있도록 여러 척의 배를 연결한 배다리를 만들었습니다. 또한 정조가 수원에 새로운 도시를 만들려고 할 때 그 일을 맡았습니다. 그는 무거운 돌을 쉽게 옮길 수 있는 거중기를 만들어 건축 기간과 건축 비용을 줄였고, 서양과 조선의 과학 기술을 이용하여 실용적인 성을 완성하였습니다.

▲ 수원화성

라 086

정조는 경기 지방의 관리들이 백성들을 괴롭힌다는 소식을 듣고 정약용을 암행어사로 보냈습니다. 그들은 백성들이 부당한 세금을 내도록 하였으며, 관청의 곡식을 비싼 이자를 받고 빌려주는 방법으로 재산을 모았습니다. 그중 서용보는 국가의 땅을 자기 것으로 만들었는데, 정약용이 이 일을 정조에게 알리자 정조는 서용보를 먼 곳으로 유배를 보냈습니다.

마 087

정조는 서학을 공부하여 실생활에 도움이 되도록 하려는 정약용 같은 실학자들을 아꼈습니다. 그러나 서용보와 가깝게 지내던 세력들은 서양에서 들어온 천주교가 조선의 질서를 어지럽게 한다며 실학자들을 잡아 가두고 죽이기도 하였습니다. 정조는 아끼던 정약용이 피해를 볼까 봐 서울에서 멀리 떨어진 곡산 지역의 관리로 보냈습니다.

바 088

예전 관리들로 인해 곡산에서 백성의 난이 자주 일어났다는 것을 알게 된 정약용은 억울한 일을 당하는 백성의 말이라면 신분과 관계없이 모두 귀담아들었습니다. 그 후 모든 일을 처리할 때 공정하게 하였더니 곡산에서는 더 이상 백성의 난이 일어나지 않았고, 곡산은 2년 만에 부자 마을이 되었습니다. 정약용은 다시 서울로 돌아왔습니다.

▲ 정약용

사 089

서울에 있는 관리들은 정약용을 계속 모함하였고, 이에 정약용은 관직을 내려놓고 고향으로 돌아왔습니다. 얼마 후 정약용을 지지해 주던 정조가 갑자기 죽자, 정약용은 강진으로 유배를 가게 되었습니다. 바뀌지 않는 세상을 안타까워하던 정약용은 유배지에서 다양한 글을 남겼습니다. 농민의 삶을 직접 경험하면서 농민을 위한 책을 쓰고, 관리의 부패와 무능함을 개혁할 수 있는 방법에 대한 책을 썼으며, 죽을 때까지 백성의 괴로움을 시로 남겼습니다.

아 090

정약용은 시대를 뛰어넘은 사상가이자 개혁가였습니다. 그는 모두가 평등하고 자유롭게 능력을 펼치는 세상을 꿈꾸었습니다. 그가 남긴 500여 권의 책과 2,400여 편의 시에는 불합리한 것을 고쳐 백성이 잘사는 나라를 만들고 싶어 하던 그의 개혁 사상이 담겨 있습니다. 그의 사상은 지금 이 시대에도 큰 가르침을 줍니다.

내용 이해하기

1 **무거운 돌을 쉽게 옮길 수 있도록 정약용이 만든 물건은 무엇입니까?**

____

2 **정약용이 곡산에 간 이후로 더 이상 난이 일어나지 않았습니다. 그 이유는 무엇입니까?**

____

3 **다음 중 정약용에 대한 설명으로 틀린 것을 고르십시오.**

① 왕이 쉽게 강을 건널 수 있도록 배다리를 만들었습니다.

② 서양과 조선의 과학 기술로 실용적인 성을 완성했습니다.

③ 2년 만에 곡산을 부자 마을로 만들고 서울로 돌아갔습니다.

④ 관청의 곡식을 비싼 이자를 받고 빌려주어 재산을 모았습니다.

4 **이 글의 내용과 같으면 ○, 다르면 × 하십시오.**

(1) 정조가 죽은 후 정약용은 강진으로 유배를 가게 되었습니다. (　　　)

(2) 관리들의 모함이 계속되자 정약용은 관직을 내려놓았습니다. (　　　)

(3) 정약용은 유배지에서 500여 권의 책과 2,400여 편의 시를 남겼습니다. (　　　)

5 **이 글의 내용에 맞게 빈칸에 알맞은 말을 쓰십시오.**

정약용은 열여섯 살에는 (1) (　　　　　　　　)에 관심을 갖고 많은 책을 읽었습니다. 그 후 (2) (　　　　　　　　)에 들어가 공부하던 정약용은 정조의 (3) (　　　　　　　　) 정조의 (4) (　　　　　　　　)을/를 받았습니다.

내용 정리하기

● 녹음을 듣고 다음의 어휘를 사용하여 문단별로 요약해 보십시오. 083~090

가 조선 새롭다 개혁하다 평등하다 세상 꿈꾸다 사람

____

나 성균관 들어가다 공부하다 정약용 정조 눈에 띄다 신임을 받다

____

다 정약용 거중기 건축 기간과 비용 줄이다 실용적인 성 완성하다

____

라 정약용 서용보의 일 정조 알리다 정조 서용보 유배 보내다

____

마 정조 정약용 피해 서울 떨어지다 곡산 지역의 관리 보내다

____

바 정약용 모든 일 처리하다 공정하게 하다 곡산 백성의 난 부자 마을

____

사 정조 갑자기 죽다 정약용 유배를 가다 유배지 많은 책과 시 쓰다

____

아 정약용 불합리하다 고치다 백성 잘사는 나라 만들다 싶어 하다

____

문형과 표현 익히기

1 조차

이미 어떤 상황은 포함되었고 그 이상의 상황이 더해짐을 나타내는 표현

(1) 목이 부어서 음식은 물론 **물조차** 마실 수 없어요.
(2) 그의 **어머니조차** 그 사람의 이야기를 믿지 않았다.
(3) 공기가 오염되어서 **숨조차** 마음대로 쉴 수 없어요.
(4) 그 일은 너무 창피해서 **생각조차** 하고 싶지 않아요.
(5) 그 사람은 편지는커녕 자기 **이름조차** 쓸 줄 모른다.

2 -(으)ㄹ까 봐

일어나지 않은 상황을 그럴 것 같다고 추측할 때 사용하는 표현

(1) 이번 시험에 **떨어질까 봐** 걱정이 됩니다.
(2) 약속 시간에 **늦을까 봐** 서둘러 택시를 탔습니다.
(3) 내일까지 이 일을 끝내지 **못할까 봐** 걱정입니다.
(4) 저녁에는 날씨가 **추워질까 봐** 옷을 따뜻하게 입고 나왔다.
(5) 오후에 비가 **올까 봐** 집에서 나올 때 우산을 챙겨 나왔습니다.

3 -았/었더니

과거에 한 일이 뒤 문장의 결과를 가지고 오는 원인이나 이유가 됨을 나타내는 표현

(1) 창문을 열어 놓고 **잤더니** 감기에 걸렸다.
(2) 시험공부를 열심히 **했더니** 점수가 잘 나왔어요.
(3) 안 마시던 우유를 **마셨더니** 배탈이 난 것 같아요.
(4) 일이 많아서 주말에도 못 **쉬었더니** 너무 힘드네요.
(5) 옷을 세탁기에 넣고 **빨았더니** 줄어들어서 입을 수 없게 됐다.

더 생각해 보기

(1) 조선의 관리들이 천주교를 믿는 사람들과 실학자들을 가두고 죽인 이유는 무엇일까요?

(2) 여러분이 암행어사가 된다면 어디에 가서 무엇을 하고 싶습니까? 그 이유는 무엇입니까?

(3) 여러분이 억울하게 유배를 떠나게 된다면 마음이 어떨까요? 그리고 오랫동안 있어야 할 그 곳에서 무엇을 하겠습니까?

실력 다지기

[1~5] 다음 괄호에 알맞은 것을 고르십시오.

1 공동생활에는 (　　　)이/가 필요하니 규칙을 꼭 지키십시오.

① 갈등　② 법칙　③ 질서　④ 혼란

2 빈부 격차가 심한 나라일수록 정치인들의 (　　　)이/가 심하다고 한다.

① 무시　② 부패　③ 부족　④ 차이

3 딸을 유학 보낸 어머니가 딸의 학업과 건강을 걱정하는 것은 (　　　).

① 과도하다　② 어울린다　③ 지나치다　④ 당연하다

4 바구니에 과일이 가득 (　　　) 있어서 혼자 들기에는 무겁네요.

① 고여　② 서려　③ 담겨　④ 맺혀

5 잘못된 제도를 (　　　) 모든 국민이 잘사는 나라로 만들어야 한다.

① 수리하여　② 처리하여　③ 변신하여　④ 개혁하여

[6~8] 다음 밑줄 친 부분과 의미가 비슷한 것을 고르십시오.

6 강아지를 훈련시키는 <u>비용</u>이 생각보다 많이 들어가는 것 같다.

① 돈　② 정가　③ 물가　④ 원가

7 그 사람은 지금까지 바르게 살아왔기 때문에 사람들의 <u>신임</u>을 받고 있다.

① 누명　② 심　③ 신뢰　④ 불신

8 직원을 뽑을 때 남자와 여자에게 <u>평등한</u> 기회를 줘야 한다.

① 특별한　② 공평한　③ 평범한　④ 평평한

[9~10] 다음 밑줄 친 부분과 의미가 반대인 것을 고르십시오.

9 정부가 대기업만 지원해 주는 것은 중소기업에게 <u>불공정한</u> 일이다.

① 공정한 ② 떳떳한 ③ 비겁한 ④ 깨끗한

10 외국인 노동자라는 이유로 적은 임금을 주는 것은 <u>부당하다</u>.

① 부정하다 ② 정당하다 ③ 부족하다 ④ 적당하다

[11~13] 아래에서 알맞은 것을 골라 문장을 완성하십시오.

조차	-(으)ㄹ까 봐	-았/었더니

11 가 요즘 바쁘신 것 같아요.

나 네, 회사 일이 너무 바빠서 밥 먹을 ________________ 없어요.

12 가 음식이 너무 많이 남은 거 아니에요?

나 손님이 많이 오셔서 음식이 ________________ 조금 더 시켰더니 남았네요.

13 가 어제는 몸이 안 좋아 보였는데 오늘은 괜찮은 거예요?

나 피곤해서 어젯밤에 일찍 ________________ 괜찮아졌어요.

체크하기

1 다음은 이 과에서 배운 어휘들입니다. 알고 있는 어휘에 ✓해 봅시다.

□ 평등하다	□ 실학	□ 이자
□ 당연하다	□ 성균관	□ 천주교
□ 불합리하다	□ 눈에 띄다	□ 질서
□ 불공정하다	□ 신임	□ 귀담아듣다
□ 개혁하다	□ 건축	□ 부패
□ 천자문	□ 비용	□ 무능
□ 매형	□ 암행어사	□ 편
□ 실용적이다	□ 부당하다	□ 담기다

2 다음 (　　) 안에 들어갈 표현을 알고 있는지 ✓하고 써 봅시다.

□ 약속 시간에 (　　　　　　　　) 서둘러 택시를 탔습니다.
□ 안 마시던 우유를 (　　　　　　　　) 배탈이 난 것 같아요.
□ 시험공부를 열심히 (　　　　　　　　) 점수가 잘 나왔어요.
□ 일이 많아서 주말에도 못 (　　　　　　　　) 너무 힘드네요.
□ 그 일은 너무 창피해서 (　　　　　　　　) 하고 싶지 않아요.
□ 목이 부어서 음식은 물론 (　　　　　　　　) 마실 수 없어요.
□ 공기가 오염되어서 (　　　　　　　　) 마음대로 쉴 수 없어요.
□ 저녁에는 날씨가 (　　　　　　　　) 옷을 따뜻하게 입고 나왔다.
□ 오후에 비가 (　　　　　　　　) 집에서 나올 때 우산을 챙겨 나왔습니다.

3 다음 표 안의 문장을 읽고 할 수 있는 정도에 따라 상·중·하에 ✓해 봅시다.

'시대를 뛰어넘은 사상가'의 내용에 대해 말할 수 있다.	상	중	하
'시대를 뛰어넘은 사상가'에서 배운 어휘와 문법을 사용하여 말할 수 있다.	상	중	하
'시대를 뛰어넘은 사상가'를 통해 한국 역사를 이해하는 데 도움이 되었다.	상	중	하

더 알아보기

실학과 정약용

조선의 지배적인 사상은 성리학이었습니다. 성리학에서는 세상의 모든 것에 차별과 등급이 있다고 하였습니다. 그래서 남자와 여자, 어른과 아이뿐만 아니라 왕과 신하, 평민과 천민처럼 모든 사람의 신분을 나누어 사회의 질서를 유지했습니다. 조선에서 성리학의 질서는 매우 중요했고, 모든 사람은 이 질서에 맞게 살아야 했습니다.

조선 후기에는 사회의 여러 곳에 변화가 생겼습니다. 서양 세력이 동양으로 진출하며 서양의 문물이 들어왔습니다. 이로써 중국을 중심으로 하는 질서가 약해지기 시작했습니다. 농업 생산력이 좋아지면서 땅을 가진 사람은 점점 부자가 되고 땅을 갖지 못한 사람은 점점 가난해지는 일이 생겼습니다.

이러한 변화에 따라 실학자들은 백성이 잘살고 부강한 나라를 만들기 위해서는 사회 곳곳에 개혁이 필요하다고 생각했습니다.

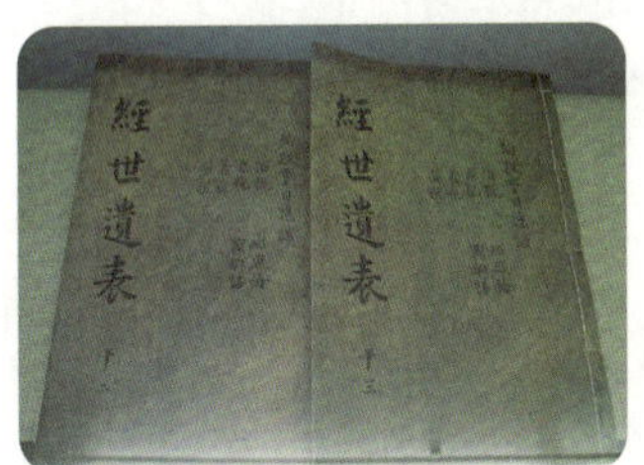

▲ 경세유표

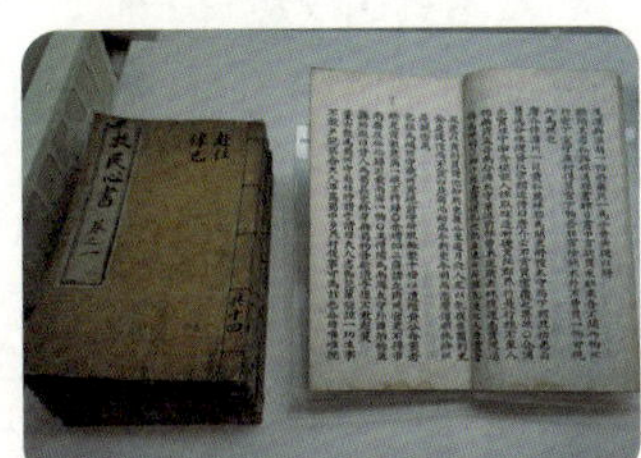
▲ 목민심서

▲ 정약용의 유배지 - 다산초당

대표적인 실학자인 정약용은 유배지에서 『경세유표』 라는 책을 써서 정치, 경제, 사회, 군사 등 모든 면에서의 개혁 방법을 자세히 설명하였습니다. 또한 공정한 재판으로 억울한 백성이 생기지 않도록 『흠흠신서』를 지었으며, 백성을 위해 지방 관리가 해야 할 일을 정리하여 『목민심서』 라는 책을 썼습니다.

이밖에 질병과 관련된 책인 『마과회통』, 기술의 발전을 장려하기 위한 『기예론』 등 500여 권의 책을 지었습니다.

쉬어 가기

퀴즈? 퀴즈!

끈 떨어진 [ ]

의지하던 대상과 관계가 끊어졌을 때 사용합니다.

생각 뛰어넘기

케이크를 3번만 잘라서 8명이 사이좋게 나눠 먹어야 합니다.
크기가 같은 케이크 8조각을 만들어 보세요.

쉬어 가기 답 연,

연표로 보는 조선 시대

조선 건국
1392

세종 즉위
1418

장영실
자격루 발명
1434

세종 한글 창제
1443

임진왜란 발발
1592

이순신 명량대첩
1597

출륙 금지
1629

사도 세자
사망
1762

김만덕 선행
1793

수원화성 완공
1796

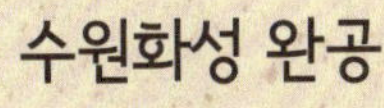

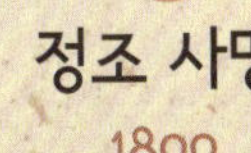

정조 사망
1800

정약용
강진 유배
1801

부록

모범 답안

중국어 번역

모범 답안

1장 고조선 시대

제1과 쑥과 마늘 - 단군 이야기

상상하며 듣기

1 ④, ⑦, ③, ⑥, ②, ⑤

내용 이해하기

1 쑥과 마늘

2 좋은 남편을 찾아 달라고

3 ①

4 (1) × (2) ○ (3) ○

5 (1) 기원전 (2) 조선
(3) 이롭게 (4) 지속되었다고

내용 정리하기

가 쑥과 마늘은 한국인에게 떼려야 뗄 수 없을 정도로 친숙한 식물입니다. 음식으로도 먹고 약으로도 사용합니다.

나 환웅은 인간 세상에 관심이 많았습니다. 전쟁으로 괴로워하는 인간을 보며 하늘나라에서 내려오기로 결심했습니다.

다 환웅은 천부인을 받은 후 인간 세상에 내려와서 인간들에게 360여 가지 일을 가르치고 다스렸습니다. 그 결과 인간 세상은 평화로워졌습니다.

라 곰과 호랑이는 인간이 되고 싶었습니다. 환웅은 그들에게 100일 동안 빛을 보지 말고 쑥과 마늘을 먹으라고 했습니다. 곰과 호랑이는 동굴에 들어갔습니다.

마 쑥과 마늘은 쓰고 매웠습니다. 호랑이는 동굴 밖으로 뛰쳐나갔습니다. 삼칠일 후 곰은 여자가 되었습니다.

바 여자가 된 곰은 결혼하고 싶어서 좋은 남편을 찾아 달라고 소원을 빌었습니다. 웅녀는 환웅과 결혼하여 아들을 얻었습니다. 이 아들이 단군왕검입니다.

사 단군은 기원전 2333년에 아사달을 수도로 하는 조선을 세웠습니다. 모든 인간을 이롭게 하겠다는 생각으로 나라를 다스렸습니다.

아 쑥과 마늘은 먹기에 괴롭지만 몸에 이롭습니다. 어려움이 있더라도 포기하지 말고 이겨 내라는 의미가 쑥과 마늘에 있는 건 아닐까요?

실력 다지기

1 ④ 2 ③

3 ① 4 ②

5 ① 6 ④

7 ③ 8 ②

9 ① 10 ③

11 오더라도 12 배우고자

13 운동하려야 할 수 없어요.

2장 삼국 시대

제2과 생각하기 나름 - 원효 대사 이야기

상상하며 듣기

1 ④, ⑦, ⑤, ②, ⑥, ③

내용 이해하기

1 비도 피할 겸 잠도 자고 갈 겸해서

2 해골에 고인 썩은 물을 마셨기 때문에/더러운 물을 마셨기 때문에

3 ②

4 (1) ○ (2) ○ (3) ○

5 (1) 더듬거리다가 (2) 벌컥벌컥
(3) 해골 (4) 썩은

내용 정리하기

가 같은 길이라도 사랑하는 사람과 함께하는 길은 짧게 느껴집니다. 이렇게 상황은 바뀌지 않았지만 전혀 다르게 느껴질 때가 있습니다.

나 원효 스님은 여러 스승을 통해 불교를 공부하고 깨닫는 것에 기쁨을 느꼈습니다. 원효 스님은 배움을 얻기 위해 당나라로 떠났습니다.

다 원효 스님은 산 속에서 큰비를 만났습니다. 스님은 비를 피할 겸 자고 갈 겸 해서 동굴에 들어갔고, 피곤해서 바로 잠들었습니다.

라 목이 말라서 잠이 깬 원효 스님은 주변을 더듬거리다 물그릇을 찾아서 그 물을 벌컥벌컥 마셨습니다. 다음날 원효 스님은 깜짝 놀랐습니다.

마 원효 스님은 깨달음을 얻고 발길을 돌려 신라에 돌아왔습니다. 그리고 모든 것은 생각하기에 달려 있다는 것을 사람들에게 알렸습니다.

바 신라의 왕은 스님에게 딸을 소개했습니다. 공주는 임신을 했고 스님은 하늘을 받칠 기둥이 만들어졌다고 생각하며 궁을 나왔습니다.

사 원효 스님은 백성들과 함께 노래하며 춤을 췄습니다. 그 후 모든 백성들이 나무아미타불을 외우게 되었고 온 나라에 불교가 퍼지게 되었습니다.

아 불쾌한 일을 경험했을 때 그 일을 다른 시선으로 바라보고자 노력한다면 불쾌한 일도 우리를 성장시키는 밑거름이 될 수 있습니다.

실력 다지기

1 ① **2** ②
3 ① **4** ④
5 ② **6** ③
7 ④ **8** ①
9 ④ **10** ③
11 소화시킬 겸 **12** 났다니
13 해석하기 나름이에요.

3장 고려 시대

제3과 억울한 누명 - 왕건 이야기

상상하며 듣기

1 ⑦, ④, ②, ③, ⑤, ⑥

내용 이해하기

1 관심법
2 "굽히지 않으면 위험합니다."
3 ④
4 (1) ○ (2) ○ (3) ×
5 (1) 포악함 (2) 쳐들어왔습니다
(3) 바쳤고 (4) 통일된

내용 정리하기

가 억울한 누명을 썼다면 참을 수 있을까요? 역사에는 이러한 위기를 지혜롭게 벗어나 왕이 된 사람이 있습니다.

나 800년대 후반에 신라의 힘이 약해졌을 때 신라의 왕족 궁예는 세력을 모아 나라를 세웠습니다.

다 궁예는 왕륭과 왕건에게 관직을 주었고 왕건은 궁예의 장군이 되어 신라와 전쟁을 하였습니다.

라 왕건은 승리한 지역의 백성들을 잘 다스렸지만 궁예는 그 지역의 백성들을 모두 잔인하게 죽였습니다.

마 궁예의 성격은 점점 포악해지고 관심법을 이유로 사람들을 죽였습니다. 심지어 부인과 아들까지도 죽였습니다.

바 궁예는 왕건이 자신을 배신하고 왕이 되려고 한다고 말했습니다. 왕건은 억울했지만 자신을 굽히고 목숨을 구할 수 있었습니다.

사 백성들은 왕건을 왕으로 모시고 궁예를 죽였습니다. 왕건은 통일된 나라인 고려를 세웠습니다.

아 왕건은 억울했지만 자신을 굽혔기 때문에 죽음을 피하고 훗날 왕이 될 수 있었습니다.

실력 다지기

1 ④ **2** ②
3 ④ **4** ③
5 ① **6** ②
7 ① **8** ③
9 ① **10** ④
11 아는 척했어요 **12** 일해 온
13 더워지자

제4과 대를 이은 열정 - 최무선 이야기

상상하며 듣기

1 ⑥, ②, ④, ⑤, ⑦, ③

내용 이해하기

1 왜구

2 화약을 만드는 기술

3 ①

4 (1) × (2) ○ (3) ○

5 (1) 불꽃놀이 (2) 화약

(3) 물리칠 (4) 무기

내용 정리하기

가 모든 사람이 할 수 없다고 하는 일에 일생을 바친 사람이 있습니다. 그리고 그 열정은 아들과 손자에게까지 이어졌습니다.

나 최무선의 아버지에게 왜구는 골칫거리였습니다. 최무선은 아버지의 걱정을 덜어 드릴 수 있는 방법에 대해 늘 생각했습니다.

다 최무선은 사람들에게 화약을 직접 만들고 무기도 개발하여 왜구를 물리쳐야 한다고 이야기했습니다.

라 최무선은 밤낮으로 실험하고 연구하여 화약을 만들고 (화약으로 무기를 만드는 기구인) 화통도감을 설치하였습니다.

마 왜구들이 500척의 배를 이끌고 왔을 때 최무선은 100척의 배를 이끌고 가서 왜구의 배를 모두 불태웠습니다.

바 최무선은 어린 아들에게 화약과 무기에 관한 책을 써서 남기고 70세의 나이로 세상을 떠났습니다.

사 최무선의 아들과 손자는 그의 뜻을 이어 화약과 무기 연구에 일생을 바쳤습니다.

아 최무선의 열정은 아들과 손자에게 이어졌습니다. 최무선의 꿈대로 백성들은 평화롭게 살 수 있었습니다.

실력 다지기

1 ① 2 ②

3 ④ 4 ③

5 ④ 6 ②

7 ③ 8 ①

9 ③ 10 ④

11 친절하실 뿐만 아니라 12 데이트는커녕

13 김치야말로

4장 조선 시대

제5과 백성을 사랑한 왕 - 세종대왕이야기

상상하며 듣기

1 ⑤, ⑦, ②, ④, ③, ⑥

내용 이해하기

1 어질고 총명해서

2 백성을 가르치는 바른 소리

3 ①

4 (1) × (2) ○ (3) ○

5 (1) 지원했습니다 (2) 제도

(3) 이웃 (4) 귀화하기도

내용 정리하기

가 한글은 누가, 언제, 어디에서, 어떻게 만들었는지 알 수 있고 대중적으로 사용되는 유일한 문자입니다.

나 세종은 태종 이방원의 셋째 아들로 어릴 때부터 책 읽기를 무척 좋아했습니다.

다 세종이 어질고 총명해서 왕과 신하들은 모두 세종이 왕이 되기를 바랐습니다.

라 세종은 노비, 고아, 죄수, 노인 등 백성들을 위해 여러 가지 정책을 만들었습니다.

마 세종은 글을 모르는 백성들을 안타깝게 여겨 유교에 대한 내용을 그림으로 그려 백성들이 알게 하였습니다.

바 세종은 백성들이 쉽게 배우고 쉽게 쓸 수 있는 28개의 글자를 만들었습니다.

사 세종은 반대하는 신하들을 크게 꾸짖고 훈민정음을 이해할 수 있도록 설명을 달아 백성들에게 알렸습니다.

아 사람들은 세종을 최고의 왕이라는 뜻으로 세종 대왕이라 부릅니다.

실력 다지기

1 ① **2** ②
3 ④ **4** ③
5 ④ **6** ③
7 ① **8** ②
9 ④ **10** ③
11 가곤 해요 **12** 하는 데에
13 투표에 의해서

제6과 홀연히 사라진 천재 과학자 -장영실 이야기

상상하며 듣기

1 ②, ⑥, ⑦, ④, ③, ⑤

내용 이해하기

1 장영실은 가장 낮은 신분인 노비였기 때문

2 장영실이 멀리 있는 곳의 물을 끌어다가 논밭에 줄 수 있는 시설을 만들었기 때문

3 ④

4 (1) ○ (2) ○ (3) ×

5 (1) 물려받는 (2) 좌우했습니다
(3) 벗어날 (4) 뛰어넘었습니다

내용 정리하기

가 신분은 부모로부터 물려받는 것으로 그 사람의 일생을 좌우했습니다. 신분은 쉽게 벗어날 수 있는 것이 아니었습니다. 그런데 장영실은 신분 제도를 뛰어넘었습니다.

나 장영실은 동래현에서 일하는 노비였습니다. 노비는 낮은 신분이기 때문에 장영실에 대한 기록이 많지 않습니다.

다 가뭄으로 백성들이 고통을 당할 때 장영실은 멀리 있는 물을 끌어다가 논밭에 줄 수 있는 시설을 만들었습니다.

라 세종은 장영실을 중국에 보내 천문 기기의 모양을 익혀 오라고 했습니다.

마 장영실은 천문 기기를 만든 공을 인정받아 노비 신분을 벗어날 수 있었습니다. 그 후 수동 물시계를 개선하여 관직을 받았습니다.

바 세종은 스스로 시간을 알리는 시계를 만들라고 했습니다. 장영실은 중국과 아라비아의 물시계를 비교하고 연구하여 자동 물시계를 만들었습니다.

사 장영실은 가마에 문제가 있는 것을 발견했지만 조순생의 말을 듣고 고치지 않았습니다. 그런데 가마가 부서지는 바람에 관직을 빼앗기고 역사의 기록에서 홀연히 사라졌습니다.

아 장영실은 조선의 농업과 과학의 발전에 큰 도움을 주었습니다. 노비 신분이었지만 자신의 능력으로 신분의 한계를 뛰어넘었습니다.

실력 다지기

1 ① **2** ②
3 ③ **4** ①
5 ④ **6** ④
7 ② **8** ③

9 ②
10 ①
11 한국 요리를 비롯하여
12 오는 바람에
13 사다가

제7과 나라를 구한 영웅-이순신 이야기

상상하며 듣기

1 ⑦, ⑤, ④, ②, ⑥, ③

내용 이해하기

1 거북선

2 "나의 죽음을 말하지 말라."

3 ②

4 (1) × (2) ○ (3) ×

5 (1) 무너질 (2) 성공할

(3) 명장 (4) 지도력

내용 정리하기

가 조선의 명장 이순신은 리더의 지도력이 얼마나 중요한지 보여 준 사람입니다.

나 이순신은 군사들을 훈련시키고 거북선을 만드는 등 전쟁을 대비했습니다.

다 도요토미 히데요시는 20여만 명의 군사를 이끌고 부산을 침략했습니다. 조선의 수도는 20일 만에 침략 당했습니다.

라 이순신은 10여 차례 싸워서 모두 이겼고 일본군에게 두려운 존재가 되었습니다.

마 일본은 거짓 정보를 흘렸고 조선의 왕은 이순신에게 백의종군을 명령했습니다.

바 이순신은 12척의 배로 명량 앞바다에서 10배가 넘는 130여 척의 배와 싸워 이겼습니다.

사 이순신이 총에 맞았지만 그의 죽음을 모르는 군사들은 끝까지 싸워 이겼습니다.

아 이순신은 일본에서뿐만 아니라 전 세계에서도 인정받는 뛰어난 명장으로 꼽힙니다.

실력 다지기

1 ④
2 ②
3 ④
4 ③
5 ①
6 ③
7 ④
8 ②
9 ③
10 ③
11 화해해 봤자
12 있는 한
13 결과에 따라서

쉬어 가기

❶① 명	량		❷ 백	의	종	② 군
령		❸ 총				사
하				③ 화		
다		❹ 지	④ 도	력		
	⑤ 성		망		❻⑥ 승	리
❺ 총	공	격			진	
	하		❼ 대	비	하	다
	다				다	

제8과 뒤틀린 나무-사도 세자 이야기

상상하며 듣기

1 ⑥, ③, ⑦, ⑤, ②, ④

내용 이해하기

1 세금을 줄이고, 잔인한 벌을 없앴으며, 관리나 양반들이 백성들을 괴롭히지 못하게 했다.

2 사도 세자

3 ④

4 (1) × (2) ○ (3) ○

5 (1) 벌주기 위해 (2) 뒤주의 틈

(3) 막아 버렸습니다 (4) 무더위

내용 정리하기

가 심하게 뒤틀린 창경궁의 회화나무는 가슴 아픈 역사와 관계가 있습니다.

나 영조는 훌륭한 왕이었습니다. 세금을 줄이고 잔인한 벌을 없앴고, 양반들이 백성들을 괴롭히지 못하게 했습니다.

다 영조는 첫아들을 얻었지만 어린 나이에 죽었습니다. 두 번째 아들을 얻어서 기뻤습니다. 그 아들은 똑똑했습니다.

라 이선은 활동적이어서 전쟁놀이를 좋아했습니다. 영조는 이선과 함께 전쟁놀이를 한 사람들을 죽였습니다. 이선은 충격을 받고 아버지를 무서워했습니다.

마 이선은 신하를 잘 이끌지 못했습니다. 영조는 이선의 말을 듣지 않고 혼내기만 했습니다. 이로 인해 이선은 마음의 병을 얻었습니다.

바 이선은 점점 폭력적으로 변했습니다. 자신의 단점만 말하는 신하들이 미워서 가만히 두지 않겠다고 했습니다. 신하들은 이선이 정신병에 걸려서 사람을 죽였다고 했습니다.

사 영조는 이선을 벌주기 위해 뒤주에 가두었습니다. 이선은 물 한 모금 마시지 못한 채 괴로워하다가 8일 만에 죽었습니다. 영조는 이선을 사도 세자라고 했습니다.

아 회화나무는 사도 세자가 괴로움에 몸을 비틀었던 것처럼 뒤틀린 모양을 하고 있습니다. 이는 사도 세자의 고통이 전해졌기 때문이 아닐까요?

실력 다지기

1 ① 2 ②

3 ④ 4 ①

5 ④ 6 ④

7 ① 8 ①

9 ③ 10 ②

11 스마트폰으로 인해 12 못 한 채

13 울어 버렸어요

제9과 나눔을 실천한 삶 - 김만덕 이야기

상상하며 듣기

1 ③, ⑦, ④, ⑤, ②, ⑥

내용 이해하기

1 쌀 때 사고 비쌀 때 팔았습니다.

2 임금님이 계신 곳과 금강산을 보는 것

3 ①

4 (1) × (2) ○ (3) ○

5 (1) 선행 (2) 귀감

(3) 소중히 (4) 높이 샀습니다

내용 정리하기

가 조선은 남성 중심 사회입니다. 그런데 김만덕은 여자의 몸으로 부를 쌓고 자신의 재산을 기부하여 사람들로부터 칭송을 받았습니다.

나 부모님이 사고로 돌아가셔서 의지할 곳 없는 김만덕을 한 기생이 데리고 가서 딸로 삼았습니다.

다 김만덕은 관청에 자신의 사연을 이야기하고 양민이 되었습니다. 그 후 장사를 하여 큰 부자가 되었습니다.

라 지속된 흉년으로 많은 사람이 굶어 죽었습니다. 김만덕은 전 재산을 털어 곡식을 산 후 골고루 나누어 줄 수 있도록 관청에 바쳤습니다.

마 정조는 관리에게 김만덕의 소원을 들어주라고 했습니다. 김만덕은 의외의 소원을 말했습니다. "임금님이 계신 곳과 금강산을 볼 수 있다면 죽어도 소원이 없겠습니다."

바 정조는 김만덕을 서울로 불렀고 금강산 관광도 할 수 있게 해 주었습니다. 그리고 제주로 돌아가는 김만덕에게 상을 주었습니다.

사 김만덕의 선행은 많은 사람들에게 귀감이 되었습니다. 유명한 학자들도 인간을 소중히 여기고 나눔을 실천한 김만덕의 정신을 높이 샀습니다.

아 김만덕은 출륙 금지가 있었지만 섬 밖으로 나가 왕을 만난 유일한 제주 여성입니다. 지금도 김만덕의 정신은 많은 사람들에게 귀감이 됩니다.

실력 다지기

1 ④ 2 ①
3 ③ 4 ③
5 ② 6 ②
7 ① 8 ②
9 ④ 10 ③
11 늦게나마 12 추다 보니
13 먹을 수 있도록

제10과 시대를 뛰어넘은 사상가
-정약용 이야기

상상하며 듣기

1 ③, ②, ⑤, ④, ⑦, ⑥

내용 이해하기

1 거중기
2 백성들의 말을 귀담아듣고 모든 일을 공정하게 처리해서
3 ④
4 (1) ○ (2) ○ (3) ○
5 (1) 실학 (2) 성균관
(3) 눈에 띄어 (4) 신임

내용 정리하기

가 조선을 새롭게 개혁하여 평등한 세상이 되는 것을 꿈꾸던 사람이 있었습니다.

나 성균관에 들어가 공부하던 정약용은 정조의 눈에 띄어 정조의 신임을 받았습니다.

다 정약용은 거중기를 만들어 건축 기간과 비용을 줄였고 실용적인 성을 완성하였습니다.

라 정약용은 서용보의 일을 정조에게 알렸고 정조는 서용보를 유배 보냈습니다.

마 정조는 정약용이 피해를 볼까 봐 서울에서 멀리 떨어진 곡산 지역의 관리로 보냈습니다.

바 정약용이 모든 일을 처리할 때 공정하게 하였더니 곡산에서는 백성의 난이 일어나지 않았고 부자 마을이 되었습니다.

사 정조가 갑자기 죽자 정약용은 유배를 가게 되었고 유배지에서 많은 책과 시를 썼습니다.

아 정약용은 불합리한 것을 고쳐 백성들이 잘사는 나라를 만들고 싶어 했습니다.

실력 다지기

1 ③ 2 ②
3 ④ 4 ③
5 ④ 6 ①
7 ③ 8 ②
9 ① 10 ②
11 시간조차 12 적을까 봐
13 잤더니

차례

중국어 번역

1章 古朝鲜时代的故事

第一课

艾草和大蒜—檀君神话

생각하며 읽기 思考与阅读

가

在你们国家常吃艾草和大蒜吗？对于韩国人而言，艾草和大蒜与韩国人的生活关联密切，是非常熟悉的植物。韩国人将艾草和大蒜作为食物食用，也作为药物使用。那么，对于韩国人来说，艾草和大蒜有怎样的历史意义呢？为此，我们有必要了解5000年前韩国发生了什么事。

나

以前天国有一位名为桓因的王。他有个儿子名为桓雄，桓雄对于天庭并没有什么兴趣，只关心人类居住的世界。桓雄看到的人类世界因战争而混乱不堪。他看到痛苦的人类，决心下到人类的世界。

다

桓雄从父亲处拿到“天符印”之后，为了治理人类世界，带着风伯、云师、雨师和三千人，降临到人类世界。桓雄教给人类与粮食、刑罚、疾病、国防、教育等相关的事项三百六十余件，并对人间进行了治理。自从桓雄到来之后，人类世界变得和平。

라

看到人类和平居住，熊和老虎就来找桓雄，希望能变成人。桓雄给了它们艾草和大蒜，并说道：

“只要在百日内不见阳光，仅吃艾草和大蒜，就能变成人。”

熊和老虎便带着艾草和大蒜进入了洞穴。

마

在黑暗中，熊和老虎强忍着吃下又苦又辣的艾草和大蒜。过了几天，受不了痛苦的老虎就从洞穴逃了出去。但熊并没有放弃可以成为人的希望。过了三七日（21天）之后，熊知道自己的身体已发生变化，便走到洞穴外面。在明亮的地方一看，自己已经变成了女人。

바

变成女人的熊想结婚并想过幸福的生活。因此祈求上天能为自己找寻一位好丈夫。桓雄听到其恳切的愿望便和她结了婚，并且生了一个儿子，这个儿子长大后成了国王，人们称他为檀君王俭。

사

檀君在公元前2333年定都“阿斯达”，建立韩国最初的国家“朝鲜”。檀君想让所有人类受益，于是制定法律并治理国家。檀君的朝鲜之后持续了约2000年。

아

像故事中所讲到的，在韩国历史的开端，就出现了“艾草和大蒜”两种植物。可桓雄为何要让熊和老虎吃艾草和大蒜呢？艾草和大蒜因苦味和辣味非常难吃。但只要坚持食用，艾草和大蒜里面的良好成分对身体是非常有益的。熊忍受了苦味和辣味而变成了人。如同熊一般，韩国人在历史上，战胜了许多苦痛和困难。即使遇到再大的困难，只要不放弃，终能战胜困难的意义不就体现在艾草和大蒜里了吗？

더 알아보기 知识扩展

朝鲜？古朝鲜？

韩国最初的国名是“朝鲜”。但人们称其为“古朝鲜”。这是为了与后来建立的同名国家“朝鲜”加以区别。对于最初建立的国家添加意为“以前”的“古”字，称其为“古朝鲜”，后来建立的国家则称为“朝鲜”。

从天而降的桓雄同变为人的熊一起生下檀君王俭的故事是古朝鲜的建国神话。关于古朝鲜的记录见于创作于高丽时代的《三国遗事》，此书依据《魏书》介绍古朝鲜的故事。中国书籍《汉书・地理志》中也记载了古朝鲜的故事。关于“古朝鲜”的记载，在韩国所留不多。因为在长久历史中，周边国家经常入侵，导致历史书大多遗失。

2章 三国时代的故事

第二课

一切唯心造—元晓法师的故事

생각하며 읽기 思考与阅读

가

在完成一天的工作之后，会感觉回家的路非常遥远、辛苦。但是同样的路如果和心爱的人一起走的话，只会觉得太短。因为和那个人在一起只会感到幸福。人生中经常会有这种境遇虽相同，但感受却完全不同的时候。

나

距今约1400年前的新罗，有一个名为元晓的法师。元晓法师自幼佛心极深，15岁时，便将家里改为寺庙，成为和尚。元晓法师向几位老师学习佛法，对于自己能有所领悟感到很喜悦。有一天，元晓法师听说有知名的法师从印度回到唐朝，为了向他学习佛法，便决心前往唐朝。

다

元晓法师在前往唐朝的路上，有一天在山里遇到了暴雨。元晓法师想躲雨过夜，于是就进了附近的洞窟。因为太过疲倦，进了洞窟之后，立刻睡着了。

라

渴醒的元晓法师摸了摸旁边，摸到一个盛水的容器，便将里面的水咕噜咕噜喝掉了。隔天早晨元晓法师大为震惊，因为昨晚喝的水是积满在骸骨里的腐水。“我竟然喝了那么脏的水。”于是突然呕吐起来。

마

"不知道的时候，只觉得清凉甜美，但知道了那是脏水之后，竟然就吐了"。元晓法师获得了极大的启示。"一切唯心造，我现在还有必要去其他地方学习吗？"元晓法师于是回到新罗，向人们传播一切唯心造的启示。

바

元晓法师向百姓弘扬佛教，并唱着内容为"如果能借我没有斧柄的斧头，我就会建造支撑上天的柱子"的歌。人们都不了解这首歌的意思。但是新罗国王知道元晓法师的真意，于是将没有丈夫、孑然一身的女儿介绍给他。元晓法师便和公主一起生活在宫里。不久之后，公主怀孕，元晓法师心想已建造了支撑上天的柱子，于是就离开了宫殿。

사

离开了宫殿之后的元晓法师想向百姓传播佛法，于是脱下僧服，和百姓一起唱歌、跳舞。并且用简单明了的方法向百姓讲解佛法教义。此后，不管男女老少，所有百姓都知道"南无阿弥陀佛"，佛教因此传扬全国。

아

喝下污水虽然是极为不愉快的事，但元晓法师因此得到了极大的感悟。我们活在世上，也会有如同喝下污水一般不愉快的时候。此时，与其陷入不愉快的感觉，倒不如像元晓法师一样，努力用另一视角来看待此事，那么，不愉快的事情也会成为使我们成长的土壤。

더 알아보기 知识扩展

骸骨之水的故事是事实吗?

元晓法师的故事在中国和日本都有流传。中国的《林间录》中虽有元晓法师和骸骨之水的故事，但《宗镜录》中记载的并非骸骨之水，而是尸体的腐水；《宋高僧传》中虽介绍了元晓法师的故事，但并没有提到骸骨之水或尸体的腐水。

日本的《华严缘起》中，以图画介绍了元晓法师的故事。图画的内容是妖怪看着元晓法师和义湘大师在坟墓里睡觉的模样。在中国、韩国、日本流传的故事虽都不同，但元晓法师悟道的说法都是一样的。

支撑上天的柱子和薛聪

元晓法师唱着"如果借我一把没有斧柄的斧头，那么我就会建造支撑上天的柱子"，领悟歌词含义的新罗武烈王将自己的女儿——瑶石公主介绍给元晓法师。其后瑶石公主生下一个儿子，他就是薛聪。

薛聪是新罗十大贤人之一，也是三大文章名家之一，是对新罗教育贡献极大的大学者。薛聪最大的功绩就是整理了"吏读"。"吏读"是借用汉字的意思和声音，适合标记韩文的标记法。新罗没有自己固有的文字，因此借用中国的汉字，但使用起来非常不易。薛聪整理吏读之后，新罗百姓可以更简单地用文字记录下自己的想法，也可以更轻易地理解别人写的文字。

3章 高丽时代的故事

第三课

不白之冤—王建的故事

생각하며 읽기 思考与阅读

가

发生坏事的时候，如果你没做，但却有人说那件事情是你做的，你一定会觉得十分委屈。如果被冠上偷窃、暴行、杀人等不白之冤时，你是否能够忍受？为了洗脱冤屈，你应该如何努力？历史上就有机智地度过这个危机而成为王的人。

나

公元800年后半期，新罗的王和大臣们不关心国家，过着奢靡的生活，百姓饱受痛苦。百姓渐渐无法生存下去，纷纷逃进山里或在各地发动起义。新罗的力量日渐衰弱，将军甄萱在全州地区建立了国家，新罗的王族弓裔也集结势力，在铁原地区建国。

다

国家要想强盛，需要吸收很多力量。当时松岳地区有权势的王隆和他的儿子王建一起投靠了弓裔。弓裔封了王隆和王建官职。王建成为弓裔的将军，与新罗作战，将新罗的几个地区收进弓裔的版图之内。

라

王建每场战争都大胜，所以弓裔更加信任王建，并给了他国家最高的官职。王建在战争中获胜后对该地区的百姓就像自己的百姓一样加以治理，但弓裔却将该地区的百姓残忍地杀死。因此所有百姓都畏惧弓裔，相信并追随王建。

마

弓裔以兴建宫殿为由，向百姓收取许多税金，并使唤他们做辛苦的事情。百姓生活越来越苦，弓裔的个性也变得越来越残暴。弓裔因为认为自己是活着的佛祖，说自己拥有可读出他人内心的"观心法"，以此为由将自己不喜欢的人全部杀掉。甚至都没有放过自己的夫人和儿子。

바

王建也无法避开弓裔的"观心法"。弓裔对王建说："你想背叛我，自己当王吧？"王建觉得很委屈。此时有一个名叫崔凝的人假装去捡掉下的东西，对王建说："如果不屈服的话，会很危险。"王建苦恼该说自己是冤枉的，还是要屈服于弓裔，他后来说："对不起，我起了贪念想当王。"弓裔说："你说了实话，所以我不杀你。"然后大笑起来。

사

弓裔的残暴愈发严重，大臣们和百姓拥立王建为王，攻入弓裔所在的宫殿。弓裔偷偷逃出宫里，躲在山上，最后被百姓抓住处死。王建当了王以后，新罗百姓的民心从新罗

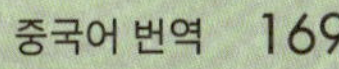

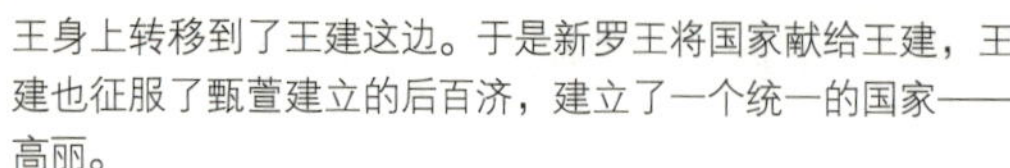

王身上转移到了王建这边。于是新罗王将国家献给王建，王建也征服了甄萱建立的后百济，建立了一个统一的国家——高丽。

아

在弓裔说王建想当王时，王建一定很想说自己是被冤枉的。但如果王建说自己委屈，可能会丧命。王建虽然委屈，但没有固执己见，所以能逃过一劫，日后当王。如果我们遭遇危机，也得能像王建一样考虑最重要的是什么，对吧?

더 알아보기 知识扩展

高丽?

王建为了让百姓齐心协力，积极推崇佛教。建设寺庙和佛塔，举行佛教活动，发展佛教文化。另外为了团结各地有权势的人，与他们的女儿成婚，并赐给各地有权势的人"王氏"的姓氏，让他们拥有对于高丽人的归属感。王建通过采取这些措施使国家安定了下来。

第四课

代代相传的热情—崔茂宣的故事

생각하며 읽기 思考与阅读

가

所有人都说"不"的时候，各位说得出"是"吗? 这是一件不容易的事。但高丽时代却有人在所有人都说不行的事情上奉献出了自己的一生。他的热情一直延续到他的儿子和孙子，梦想最终得以完成。让我们来了解一下他们是谁? 他们的梦想又是什么?

나

高丽末期，倭寇经常骚扰高丽百姓，王权和军事力量弱化的高丽不能妥善应对倭寇的侵略。国际贸易港——碧澜渡也是倭寇经常侵略的地方，对于在该处工作的崔东洵而言，倭寇令他非常伤脑筋。崔东洵的儿子崔茂宣经常思考如何减轻父亲的忧虑。

다

有一天，崔茂宣看到烟火表演后说："对了，如果用火药的话，一定可以击退倭寇。"但是高丽不仅没有制造火药的方法，而且高丽人根本没想过可以把火药作为武器使用。但崔茂宣告诉大家火药的重要性，强调要直接制作火药，要开发利用火药的武器，来击退倭寇。

라

崔茂宣四处寻找懂得火药的中国商人，最后终于找到并掌握了制作火药的方法。他不舍昼夜加以实验、研究，终于制成了火药。崔茂宣提议应该设立一个用火药制作武器的机构，但官吏们不但不帮他，也不相信他的话。不过崔茂宣并没放弃，最终于1377年设立了火熥都监。

마

1380年秋天，倭寇率领500艘船，来到津浦入口。倭寇先将船绑在一起加以固定，然后进村杀人、抢夺粮食，最后烧掉了整个村子。崔茂宣心想现在就是使用自己制造的武器的最佳时机。于是崔茂宣率领100艘船到津浦，烧毁了倭寇所有的船只。

바

三年后，虽然倭寇再次来到高丽，但已无法招架崔茂宣的武器。于是倭寇不再侵略高丽，百姓也重拾平和的生活。倭寇逐渐消失之后，官吏们废除了火熥都监，崔茂宣没有办法开发武器。他将关于火药和武器的知识写成书，交给了年幼的儿子，70岁时便离开了人世。

사

崔茂宣的儿子崔海山通过父亲留下来的书籍，学会了制作火药和武器的方法。崔海山走上仕途之后，对父亲制成的武器进行了改良，并制造出多样的武器，将国家建设得更强大。他的儿子崔功孙也继承了祖父和父亲的意愿，将毕生奉献给了火药和武器的研究。

아

虽然所有人都认为是不可能的事，但崔茂宣相信自己，毕生为了实现梦想而努力。这份热情延续到儿子和孙子，结果就如同崔茂宣的梦想一般，百姓得以过上和平的生活。他们传承三代的热情对于活在这个时代的我们具有很大的意义。

더 알아보기 知识扩展

高丽和 Korea

如果用英语标记韩国，就是"Korea"。此名称是从何时开始使用的呢?

高丽是贸易发达的国家。碧澜渡是高丽代表性的国际贸易港口。据说不只中国和日本的商人，连远从阿拉伯来的商人也来碧澜渡从事贸易。当时阿拉伯商人发"高丽"的音时，发做"Coree"，这个发音也传到其他国家，于是就成为了"Korea"。

此时期从碧澜渡出口的代表性货物有高丽青瓷、螺钿漆器、人参、纸张等，进口的货物则有丝绸、药材、书籍、香料等。

4章 朝鲜时代的故事

第五课

关爱百姓的王—世宗大王的故事

생각하며 읽기 思考与阅读

가

据说全世界有六千余种语言、两百多种文字。这些文字大部分是经历了漫长的时期，出于人们的需要所创造的。因此无法精确得知是谁、何时、在哪里、如何创造的。但韩字是可知晓所有创制过程并为百姓所使用的文字。那么，我们来了解一下创制韩字的过程以及创造韩文的世宗大王吧。

나

世宗是太宗李芳远的第三个儿子，自幼非常喜欢读书。同一本书可读百次，即便在身体不舒服的时候也手不离书。担忧世宗健康的太宗曾命令大臣将书籍全部清理掉，而世宗仍在屏风后方找出落下的一本书，背着父亲读了无数次。

다

世宗不是长子，所以不能当王，但他十分仁慈且聪明，王和大臣们都希望世宗能当王。世宗当王之后，召集了许多人才，并支持他们的研究。他修订制度，以使百姓过上更好的生活，因此邻国的许多人都非常羡慕，还有人归化了朝鲜。

라

世宗为百姓推出的政策有好几种。包括对怀孕的奴婢和丈夫给予休假；没有父母的孩子由国家照顾；监狱的罪犯不会因为冷、热而生病；70岁以上的老人不分身份，一律为他们举行筵席进行庆贺，并给他们米和衣服；没有儿女的老人由国家照料。

마

世宗听到有住在晋州的百姓杀了自己的父亲后，为了教导百姓遵"孝道"而编写了书籍。但是不识字的百姓却无法明白其内容，世宗觉得他们十分可怜，于是将儒学的内容画成图画，让百姓知晓。

바

韩国语和汉语不同，百姓用中国文字记录韩国语有困难，对此，世宗觉得百姓非常可怜。为了便于不识字的百姓学习，他创制了28个字符。这些字正是意为"教"百姓正确发音的"训民正音"。用这28个字符可以写出韩国语的所有发音。

사

世宗虽然想教百姓训民正音，但大臣们认为世宗发明的训民正音对国家没有帮助，因而加以反对。世宗大加斥责不为百姓着想的大臣。后来为了让所有人都能了解训民正音，便附加说明并以之教育百姓。此后，只要是想学习文字的人，不管年纪、性别或身份如何，都可以学习训民正音并学习书写。

아

世宗在位32年，心中只有百姓。即便是身份低微的人，如果有能力，他也会给予其机会。他不分孤儿、老人、罪囚，对所有人都加以照顾。正因为世宗对百姓的热爱，韩字才得以存世。今天韩国人的生活之所以变得方便，可视为是托世宗之福。因此人们认为世宗是最好的国王，称呼他为世宗大王。

더 알아보기 知识扩展

训民正音的特征

1. 创制动机

过去认识文字就等于拥有知识，拥有知识就意味着不是受支配的人，而是支配者。即文字亦等同于权力。然而世宗大王却让愚民认识文字，因为他并不认为百姓是受支配的人。由此可知世宗大王的爱民精神。

2. 创制的文字

许多文字由图画或符号开始。有些还借用既有的文字加以使用，或者改用。但韩字是为了标记韩国语而全新创制的文字。

3. 制字原理

① 象形：以发音器官和天地人的模样为基本文字。
② 加划：在基本文字上增加笔划。
③ 组合 ：将初声再次使用为终声，将初声、中声、终声加以组合。

28字符中消失的4个字符是?

ㆆ	여린히읗	韩国固有词中不使用，只用于表示中国汉字的发音。
ㅿ	반치음	介于"ㅅ"与"ㅇ"之间的发音，现在变为"ㅅ或ㅇ"，在地方方言中"여우""(병이) 나아"发为"여수""(병이) 나사"。
ㆁ	옛이응	首音的"ㅇ(이응)"和收音"ㅇ(이응)"是不同的声音。"옛이응"原本发收音"ㅇ(이응)"的声音，现在统一为"ㅇ(이응)"音。
·	아래아	发音与"ㅗ + ㅏ"相似。标准话中此发音已消失，但在地区方言中还有保留。

第六课

忽然消失的天才科学家
—蒋英实的故事

생각하며 읽기 思考与阅读

가

朝鲜是个身份制的社会。人一出生，便被父母的身份左右一生。根据身份的不同，规定了能做的和不能做的事情，而且身份不容易更改。然而蒋英实却凭一己之力，超越了这种身份制度。

나

蒋英实是朝鲜太宗朝的人，是在今天釜山地区的东莱县作工的奴隶。朝鲜时代因为奴隶是最低贱的身份，所以关于蒋英实的记录并不多。根据几项资料的内容，有人说蒋英实的祖先是元朝人，也有人说是宋朝的将军，母亲则是在官厅工作的官妓。

다

那是蒋英实在东莱县当奴隶的时候，因为朝鲜全国的干旱非常严重，许多百姓遭受苦痛。然而东莱县并没有因为干旱遭害。因为蒋英实发明创造了将远处的水引来并将水灌注于农田的设施。知道了这件事情的太宗非常赏识蒋英实。

라

继太宗之后的世宗认为中国的天文学不适合朝鲜，对于无法正确得知朝鲜天文现象感到很难过。世宗将制作技术十分高超的蒋英实和天文科学家一起派往中国，让他们学习中国天文仪器的结构。

마

世宗将制作天文仪器的工作交给从中国回来的蒋英实，并想让他脱离奴隶身份。因为大臣的反对，蒋英实没能脱离奴隶身份，但他并不为此失望，依然热衷于天文仪器的制作。最终因功劳获得认可，得以脱离奴隶的身份。此后蒋英实改良手动刻漏，证明自己的实力，世宗也授予了蒋英实新的官职。

바

世宗命令蒋英实制作能自己报时的时钟。蒋英实比较研究了中国和阿拉伯的刻漏，制作出了朝鲜固有的自动刻漏。之后还制造了可以知道季节和时间变化的浑天仪、日晷、测雨器等科学机械与金属活字。后来他被提升为大护军。

사

1442年蒋英实发现国王坐的轿子有问题，将此事告诉了具有同样官职的赵顺生。赵顺生对蒋英实说没有任何问题，所以蒋英实并未修理轿子。后来该轿子毁损，蒋英实因此挨了板子，也丢了官职。此后蒋英实在历史的记录中也忽然消失了。

아

关于蒋英实的记录不多，所以无法得知他的人生结局。但他留下的许多东西对朝鲜农业与科学的发展助益良多。蒋英实虽然是奴隶身份，但凭能力受到国王的肯定，摆脱了身份的限制。今天已没有身份的限制，但我们却仍给自己设定了界限，此时，是否应想想蒋英实的一生?

더 알아보기 知识扩展

蒋英实的发明品

高丽时代已有杰出的金属活字技术。《直指心体要节》就是用高丽的金属活字制成的书，比德国约翰·古腾堡的活字技术早70年。但该技术停滞了一段时间，世宗命令蒋英实制造更好的金属活字，于是蒋英实发明了金属活字"甲寅字"。

这是水在聚集一定时间之后，小娃娃会敲钟报时的刻漏。以其自己敲钟的意义，故取名为"自击漏"。因为战争的缘故，仅留下一部分，现将其复原，成为现在的模样。

仰釜日晷是向百姓广为普及的日晷。利用太阳升起时出现的影子，便可知道时间。为了方便不识字的百姓，日晷上绘有呈现时间的12种动物图画。

测雨器是测量雨量的器具。使用标准化器具是世界首创。测雨器避免了滴落到地上的雨水溅入，因此减少了在测量雨量时产生的误差。

此外，蒋英实还发明了各种科学仪器。举例而言，将报时的自击漏和观测天体运行的浑天仪合并为玉漏。玉漏是可以知道包括季节变化、节气、时间的器具。

第七课

拯救国家的英雄—李舜臣的故事

생각하며 읽기 思考与阅读

가

许多人都希望能晋升，坐上高位，在组织里成为领袖。但由谁做这个领袖却会带来截然不同的结果，组织可能会崩溃，也有可能获得很大的成功。朝鲜的名将李舜臣就证明了组织里领袖的领导能力有多么重要。

나

距今四百多年前，统一日本的丰臣秀吉为了侵略中国，准备先侵略朝鲜。守卫全罗地区的李舜臣虽预料到会发生战争，但宣祖对此并没加以警戒。李舜臣在没有国家支持的情况下，训练兵士，制造龟船，为战争作准备。

다

1592年丰臣秀吉率领20多万大军侵略釜山。镇守庆尚地区的元均未作任何准备，他看到数不胜数的日军船舰，心想就算作战也一定会输。因此将武器和船只全部丢弃在海里后逃走。国王将宫殿丢弃，逃走避难，并向中国求助，结果朝鲜的首都在20天后被攻占。

라

听到侵略消息的李舜臣率领军队，前往庆尚地区。朝鲜军队在李舜臣的指导下，获得第一次胜利，也找回了信心。其后李舜臣进行了十余次的战斗，都获得胜利，日本军队在与李舜臣率领的军队战斗时连续战败，丧失了战斗的信心。对于日军而言，李舜臣成为一个可怕的存在。

마

李舜臣后来成为统管忠清道、全罗道、庆尚道军队的三道水军统制使。只要他在，日本都无法获胜。后来日本泄露假情报，信以为真的宣祖命令李舜臣前往战斗。但分辨出是假情报的李舜臣并未遵守王的命令，于是宣祖将李舜臣关进监狱。大臣们都说应处死李舜臣，但王念在李舜臣过去的功绩，并未杀他，而是命令他白衣从军。

바

李舜臣被关在监狱里的时候，元均成为三道水军统制使，但在与日本的战斗中几乎失去了所有兵力，在逃往陆地的时候被日军杀死。宣祖再次将三道水军统制使的职位交给李舜臣，命令他放弃海洋，在陆地上作战。但李舜臣说"还剩下12艘船，如果抱着必死的决心，一定可以获胜"，他在鸣梁外海与超10倍的130余艘船舰作战，获得胜利。

사

1598年丰臣秀吉死亡，在陆地的日军想回到日本，但因为李舜臣镇守海域，日军无法返回。后来日军派遣500艘船舰，发起总攻击，朝鲜和中国的军队以100余艘的船舰共同作战。李舜臣在追赶逃走的日军时不幸中枪，但他说"不要透露我的死讯"。军队在不知李舜臣已经死亡的情况下作战到最后，最终赢得胜利，结束了历时7年的战争。

아

无论作战条件如何，李舜臣都发挥了领袖的领导能力，创造了不败的神话。超过10倍的兵力差异在李舜臣杰出的指导能力之下，变得毫无优势，而即便是已经身亡的情况下，也引领战争取得了胜利。李舜臣不只是在曾侵略过朝鲜的日本，在全世界也是被认可的杰出名将。

더 알아보기 知识扩展

李舜臣的三场大捷

李舜臣在壬辰倭乱的7年间，指挥了许多次海战，创造了不败的神话。其中具代表性的海战如下：

- 闲山岛大捷 ：1592年在闲山岛外海进行的海战。因为这场海战，日军无法进行海上作战计划。进入朝鲜陆地的日军因无法获得充足的支援，遭受了极大的打击。李舜臣在海战中使用了鹤翼阵战术，证明陆上战术也能用在海上。

- 鸣梁大捷 ：1597年李舜臣在鸣梁以12艘船舰击败拥有130余艘船舰的日军。李舜臣利用鸣梁的地形特点，击败超过10倍以上的敌军，阻止日军进入西海。这场戏剧性的海战也被制作成了电影。

- 露梁大捷 ：1598年朝鲜与中国军队联合大胜的海战。露梁海战是壬辰倭乱期间在海上进行的最后一场战斗。李舜臣在获得胜利后永远离开了人世。他留下的最后一句话让许多人到现在都还记得，他的人生、他的精神通过电影、连续剧、小说等多种作品形式再现于世。

第八课

扭曲的树木—思悼世子的故事

생각하며 읽기 思考与阅读

가

这棵严重扭曲的树木是生长在昌庆宫的树龄达450年的槐树。普通的槐树不是长这个模样的，可是这棵树为什么如此弯曲？其实，这棵树扭曲的模样与一位抱憾死去的朝鲜王子有关。

나

朝鲜有很多爱护百姓的伟大君王，英祖也是其中之一。英祖减税，废除残忍的刑罚，禁止官吏和贵族骚扰百姓。他虽严格，但经常为百姓着想。

다

英祖将百姓视为自己的子女一样怜惜、爱护，但他自己却无法守护住自己疼爱的儿子。英祖结婚后，虽有了第一个儿子，但这个儿子在九岁的时候便死去了。七年后英祖有了第二个儿子“李愃”。英祖因为生了宝贝儿子非常高兴。李愃从小就非常聪明，也得到英祖满满的关爱。

라

可是这份宠爱并没能持续多久。李愃与父亲英祖不同，个性非常好动，他不仅喜欢玩战斗的游戏，边骑马边使用武器的才能也十分卓越。英祖十分不满儿子比起读书，更喜欢战争游戏，认为这样会妨碍他成为一个贤明的君王。因此将和他一起玩战争游戏的人都杀了。李愃在年幼之时受到如此大的打击后，非常畏惧父亲，看到父亲就吓得直哆嗦。

마

李愃在15岁的时候，英祖将国王的政务交给他，观察他未来能否成为国王。可是畏惧父亲的李愃没能妥善地领导大臣，于是英祖对李愃很不满意。大臣们向英祖禀告对李愃的不满。英祖不听李愃的解释，只是一味地责备他。李愃因为畏惧父亲连辩解都不敢，所以得了心病，而且这个病越来越严重。

바

后来李愃变得极为暴戾。他非常厌恶只向父亲禀告自己缺点的大臣。李愃心想：“我如果成为有权力的国王，绝对不会放过他们。”了解李愃想法的大臣向英祖禀告说李愃得了精神病，而且杀了人。

사

英祖想做个了断，于是为了惩罚独子，便将他关在米柜里。李愃虽然在米柜里大喊要求把自己放出来，但英祖始终未改变心意。有人偷偷地利用米柜的隙缝，送进去水和食物，英祖得知此事后便将米柜的所有隙缝都封了起来。在炎热的七月，李愃连一口水都喝不到，在米柜里十分痛苦，最终在八天后死去。英祖为了表示对于李愃之死的悲伤，称他为“思悼世子”。

아

思悼世子在死后才得以从米柜中出来。在七月的炎热中，思悼世子该有多么痛苦？救命声的哀嚎该是多么撕心裂肺？昌庆宫的槐树不能长得直挺，模样就好像是思悼世子因为苦痛，扭曲了的身体。会不会是思悼世子的痛苦转移到槐树身上了呢？

더 알아보기 知识扩展

荡平菜和荡平策

这个食物的名字是荡平菜。这道菜的特点是必须将颜色不同的材料放进一个盘子里，才能成为名为“荡平菜”的美味菜肴。荡平菜的四种颜色和荡平菜之名有何关系？

人们都会追求自身的利益吧？英祖时代的许多大臣为了自身的利益，都想将不是属于自己一方的人赶走。英祖在这样的过程中错失了许多人才。英祖觉得太可惜了。因此他想出了选拔人才时不问背景只问能力并让他们参与政治的政策，这就是所谓的荡平策。

为了告知大臣荡平策的必要性，英祖在与大臣讨论荡平策的场合命人上了一道菜。那道菜由白色、黑色、红色和青色构成。英祖认为正如同多种颜色调和的那道菜一样，想法彼此不同的大臣不要再彼此斗争，应彼此合作，以期建设更好的国家。此后人们将该道菜肴称为“荡平菜”。

第九课

实践分享的人生—金万德的故事

생각하며 읽기 思考与阅读

가

朝鲜因为是身份制度的社会，同时也是以男性为中心的社会，因此男人和女人做的事情并不相同，男主外、女主内。女人无论能力如何突出，都不能在社会上展现自己的能力。然而在济州岛就有一位女性凭着女人的身份累积财富，并将自己所有财产奉献给社会，因而获得人们的称颂。

나

英祖十五年，一个名为金万德的孩子在济州岛出生。万德12岁的那年，她父亲因为事故过世，母亲也因病去世。一名妓女将无依无靠的万德带回自己的家里，将她视为自己的女儿。几年后，万德登入妓女的名簿，开始以妓女的身份生活，可是万德并不认为自己是妓女。

다

金万德过了20岁的时候，向官厅说明自己的情况，请求恢复良民的身份。官厅认为金万德很可怜，于是将她从妓女的名簿中删除，让她以良民的身份生活。此后，金万德开始做生意。她在东西便宜的时候买进，贵的时候卖出。如此过了几十年之后，万德成为济州岛相当有钱的人。

라

正祖十九年，济州岛连续四年都是凶年，许多人因此饿死。正祖虽送了米到济州，但仍不够所有人吃。金万德拿出所有财产，从陆地购买粮食，为了能平均分配给即将饿死的人，便将所有粮食献给了官厅。

마

金万德做的事是社会领导阶层的贵族也难以做到的事。一般来说，做了这种事的人可以获得官职，但因金万德是女人，无法获得官职。正祖命济州的官吏满足金万德的愿望。她却说了一个让人感到意外的愿望："我如果能看到王宫以及金刚山的话，就死而无憾了"。

바

在朝鲜时代，济州岛的人不能离开济州岛。可是正祖将金万德召到首尔，也让她去游览了金刚山。正祖给了回到济州的金万德赏赐，金万德的名字在首尔也广为人所知，许多人都称颂金万德。

사

金万德的善行成为朝鲜所有人的榜样。不只是高位官吏，朝鲜的著名学者也对珍视百姓、无私奉献的金万德给予高度评价。有很多人写了称颂金万德的诗，也写了有关金万德的书。金万德回到济州继续行善，后来以74岁高龄离开人世。

아

即便有"禁止离岛"的命令，但去到岛外，直接觐见朝鲜国王的金万德是获得朝鲜学者称颂的唯一济州女性。而且在以男性为中心的朝鲜，金万德是留在朝鲜历史中鲜有的女性之一。在过了200多年以后的现在，金万德的精神仍成为许多人的榜样。

더 알아보기 知识扩展

禁止离岛

15世纪朝鲜要求济州人民进贡马、柑橘、鲍鱼、海苔、药材等，并强制劳动和缴税。因为汉拿山中间区域被开垦为养马的牧场，无法从事农耕，所以济州人只能在海边地区的部分土地上务农。后来因为凶年严重，再加上地方有势力的人骚扰济州人民，一些不能忍受的济州居民为了生存，参与了民乱暴动或逃往陆地。

由于逃离济州的人越来越多，中央政府下达离岛禁令(不能前往陆地的制度)，并且不准搭乘设有风帆的船。船上如果不能设置风帆，则无法利用风力，自然无法远距离航行。所以济州人民只能在近海利用没有风帆的竹筏捕鱼，以之谋生。因为离岛禁令使济州与世隔绝，济州的技术也发展得很难。但也因为如此，使济州留下了与陆地不同的传统文化。

第十课

超越时代的思想家
—丁若镛的故事

생각하며 읽기 思考与阅读

가

"所有人都是平等的"这句话在今日被视为是理所当然。可是在二百年前的朝鲜，这句话是令人难以想象的。有一个人曾梦想改革朝鲜的这种不合理、不公平的现象，创造一个公平的世界。

나

丁若镛是一个京畿道地方官吏的儿子。他从小就非常聪明，4岁的时候就已经熟知千字文，7岁的时候就会写诗，10岁以前就发表了自己的诗集。16岁时从住在首尔的姐夫那里学习西洋的实用知识和科学，此后他对实学有所关注，读了许多书。之后，他进入成均馆学习，引起正祖的注意，也获得正祖的信任。

다

丁若镛为了使正祖去思悼世子的坟墓时能够轻易过江，制作了将数条船连结在一起的船桥。正祖想将水原建设为新都市时，丁若镛就担下了此事。他发明了能将沉重的石头轻易搬运的举重器，减少建筑时间和费用，利用西洋和朝鲜的科学技术，建造了实用性强的都城。

라

正祖听到京畿地方的官吏骚扰百姓的消息，便派丁若镛当暗行御史。官吏们不只让百姓缴纳不当的税金，而且将官厅的粮食以昂贵的利息借出，以此方法聚敛财产。其中徐龙辅将国家的土地据为己有，丁若镛将这些事情上报正祖，于是正祖将徐龙辅流放到遥远的地方。

마

正祖对于像丁若镛这类以研习西学对实际生活有所帮助的实学者非常爱惜。可是和徐龙辅亲近的势力认为从西方传来的天主教会破坏朝鲜的秩序，于是逮捕实学者，甚至将他们杀死。正祖担心丁若镛被害，便派他去离首尔很远的谷山地区当官。

바

谷山地区因为前任官吏的缘故经常发生民乱，丁若镛在了解实情之后，只要是百姓蒙受冤屈，不管他们的身份高低，都耐心聆听。此后，他在处理所有事情的时候都非常公正，谷山再也没有发生民乱。经过两年，谷山就成为了富裕的村子。于是丁若镛再次回到首尔。

사

在首尔的官吏们一直诬陷丁若镛，为此，丁若镛放弃官职，回到故乡。不久之后，支持丁若镛的正祖突然过世，丁若镛就被流放到康津。他为无法改变的世界感到惋惜，于是在流放地写下多篇文章。他亲身体验农民的生活，为农民写书，也写了能整治官吏腐败无能的书。直到死为止，他都以诗文来表现百姓的痛苦。

아

丁若镛是超越时代的思想家和改革家。他梦想着能建立所有人都能平等且能自由发挥能力的世界。他留下的500多本书和2400多篇诗中，抒发了希望能改变不合理的事情，创造百姓能安乐生活的改革思想。他的思想直到现在仍在给予这个时代极大的启示。

더 알아보기 知识扩展

实学与丁若镛

支配朝鲜的思想是性理学。性理学认为世上所有事物都存在差别和等级，所以不只男性和女性、成人和孩子，甚至包括王与大臣、平民与贱民一样，所有人都应区分身份，以之维持社会的秩序。在朝鲜，性理学的秩序非常重要，所有人必须按照秩序生活。

朝鲜后期，社会的许多地方都发生了变化。西方势力进入东方，西洋的文化也随之进入。随着农业生产力变强，拥有土地的人慢慢变成有钱人，未能拥有土地的人渐渐贫穷。

在这样的变化中，实学者为了建设百姓安居乐业的富强国家，认为社会的各个地方都需要改革。

具有代表性的实学者丁若镛在流放地写下《经世遗表》一书，详细说明政治、经济、社会、军事等所有方面的改革方法。另外他著有《钦钦新书》，希望进行公正的裁判，不使百姓蒙受冤屈。另外，他还著有《牧民心书》一书，整理了地方官吏应该为百姓做的事情。

除此之外，丁若镛还著有与疾病相关的《麻科会通》及为奖励科技发展而著的《技艺论》等500余部著作。

图书在版编目(CIP)数据

韩国历史故事 /(韩)金顺礼编著. -- 上海：上海外语教育出版社，2023

(韩国文化悦读系列)

ISBN 978-7-5446-7552-9

Ⅰ.①韩… Ⅱ.①金… Ⅲ.①朝鲜语—语言读物 ②历史故事—作品集—韩国 Ⅳ.①H559.4：I

中国国家版本馆CIP数据核字(2023)第023627号

图字：2021-0554号

出版发行：**上海外语教育出版社**
(上海外国语大学内) 邮编：200083
电　　话：021-65425300 (总机)
电子邮箱：bookinfo@sflep.com.cn
网　　址：http://www.sflep.com
责任编辑：张　丽

印　　刷：上海龙腾印务有限公司
开　　本：787×1092　1/16　印张 11　字数 253千字
版　　次：2023年9月第1版　2023年9月第1次印刷

书　　号：**ISBN 978-7-5446-7552-9**
定　　价：**40.00元**

本版图书如有印装质量问题，可向本社调换
质量服务热线：4008-213-263